Anti-Inflammatorisk Matlagning

Helande genom Kost

Lisa Andersson

Innehållsförteckning

Köttbulle Taco Bowls Ingredienser:

Köttbullar:

1 lb magert nötfärs (under valfritt köttfärs som fläsk, kalkon eller kyckling)

1 ägg

1/4 kopp finklyft grönkål eller skarpa örter som persilja eller koriander (godkänd)

1 tsk salt

1/2 tsk svartpeppar

Tacoskålar

2 koppar Enchiladasås (vi använder specialgjorda) 16 köttbullar (fixar registrerade tidigare)

2 koppar kokt ris, vitt eller mörkt färgat

1 avokado, skuren

1 kopp lokalt förvärvad Salsa eller Pico de Gallo 1 kopp strimlad ost

1 Jalapeno, nätt skuren (godkänd)

1 msk koriander, klyft

1 lime, skuren i klyftor

Tortillachips, till servering

Vägbeskrivning:

1. Att göra/frysa

2. Lägg köttfärs, ägg, grönkål (om du använder), salt och peppar i en stor skål. Blanda in med händerna bara tills den är rättvist konsoliderad.

Strukturera till 16 köttbullar runt 1-tums avstånd över och lägg på en tallrik fixerad med folie.

3. I händelse av att använda inuti flera dagar, kyl så länge som 2 dagar.

4. I händelse av frysning, placera arkbehållaren i kylare tills köttbullarna är starka. Flytta till en kylsäck. Köttbullar håller sig i kylen i 3 till 4 månader.

5. Att laga mat

6. I en medelstor gryta, lägg enchiladasås till en låg gryta. Inkludera köttbullar (ingen tvingande anledning att tina först om köttbullar var det

stelnat). Stek köttbullarna tills de är genomstekta, 12 minuter förutsatt att de är knapriga och 20 minuter när de stelnat.

7. Medan köttbullarna stuvas, förbered olika fixeringar.

8. Samla tacoskålar genom att garnera ris med köttbullar och sås, skär avokado, salsa, cheddar, jalapeño och koriander. Presentera med limeklyftor och tortillachips.

Avokado Pesto Zoodles med laxportioner: 4

Tillagningstid: 25 minuter

Ingredienser:

1 msk pesto

1 citron

2 frysta/färska laxbiffar

1 stor zucchini, spiraliserad

1 msk svartpeppar

1 avokado

1/4 kopp parmesan, riven

Italiensk smaksättning

Vägbeskrivning:

1. Värm upp ugnen till 375 F. Krydda laxen med italiensk krydda, salt och peppar och grädda i 20 minuter.

2. Lägg avokado i skålen tillsammans med en matsked peppar, citronsaft och en matsked pesto. Mosa avokadon och håll den åt sidan.

3. Lägg zucchininudlar på ett serveringsfat, följt av avokadoblandning och lax.

4. Strö över ost. Tillsätt mer pesto om det behövs. Njut av!

<u>Näringsinformation:</u>128 kalorier 9,9 g fett 9 g totalt kolhydrater 4 g protein

Gurkmejakryddad sötpotatis, äpple och lök med kyckling

Portioner: 4

Tillagningstid: 45 minuter

Ingredienser:

2 msk osaltat smör, i rumstemperatur 2 medelstora sötpotatisar

1 stort Granny Smith äpple

1 medelstor lök, tunt skivad

4 urbenade kycklingbröst med skinn

1 tsk salt

1 tsk gurkmeja

1 tsk torkad salvia

¼ tesked nymalen svartpeppar

1 dl äppelcider, vitt vin eller kycklingbuljongVägbeskrivning:

1. Värm ugnen till 400°F. Smörj bakplåten med smöret.

2. Ordna sötpotatisen, äpplet och löken i ett enda lager på bakplåten.

3. Lägg kycklingen med skinnsidan uppåt och smaka av med salt, gurkmeja, salvia och peppar. Tillsätt cidern.

4. Rosta inom 35 till 40 minuter. Ta ut, låt vila i 5 minuter och servera.

<u>Näringsinformation:</u>Kalorier 386 Totalt fett: 12g Totalt kolhydrater: 26g Socker: 10g Fiber: 4g Protein: 44g Natrium: 932mg

Portioner av stekt örtad laxbiff: 4

Tillagningstid: 5 minuter

Ingredienser:

1 pund laxbiff, sköljd 1/8 tsk cayennepeppar 1 tsk chilipulver

½ tsk spiskummin

2 vitlöksklyftor, hackade

1 msk olivolja

¾ tsk salt

1 tsk nymalen svartpeppar

Vägbeskrivning:

1. Värm ugnen till 350 grader F.

2. Kombinera cayennepeppar, chilipulver, spiskummin, salt och svartpeppar i en skål. Avsätta.

3. Ringla i olivolja på laxsteken. Gnid på båda sidor. Gnid in vitlök och den beredda kryddblandningen. Låt sitta i 10 minuter.

4. Efter att ha låtit smakerna smälta, förbered en ugnssäker stekpanna.

Hetta upp olivoljan. När den är varm, krydda laxen i 4 minuter på båda sidor.

5. Flytta pannan in i ugnen. Grädda i 10 minuter. Tjäna.

<u>Näringsinformation:</u>Kalorier 210 Kolhydrater: 0g Fett: 14g Protein: 19g

Portioner av tofu och italienskt kryddade

sommargrönsaker: 4

Tillagningstid: 20 minuter

Ingredienser:

2 stora zucchinis, skurna i ¼-tums skivor

2 stora sommarsquash, skuren i ¼-tums tjocka skivor 1-pund fast tofu, skuren i 1-tums tärningar

1 dl grönsaksbuljong eller vatten

3 matskedar extra virgin olivolja

2 vitlöksklyftor, skivade

1 tsk salt

1 tsk italiensk örtkryddblandning

¼ tesked nymalen svartpeppar

1 msk tunt skivad färsk basilika

Vägbeskrivning:

1. Värm ugnen till 400°F.

2. Kombinera zucchini, squash, tofun, buljong, olja, vitlök, salt, italiensk örtkrydda och peppar på en stor kantad bakplåt och blanda väl.

3. Rosta inom 20 minuter.

4. Strö över basilikan och servera.

<u>Näringsinformation:</u>Kalorier 213 Totalt fett: 16g Totalt kolhydrater: 9g Socker: 4g Fiber: 3g Protein: 13g Natrium: 806mg

Jordgubbs- och getostsallad Ingredienser:

1-pund skarpa jordgubbar, tärnade

Valfritt: 1 till 2 teskedar nektar eller lönnsirap, efter smak 2 uns sönderfallen getcheddar (cirka ½ kopp) ¼ kopp kluven krispig basilika, förutom ett par små basilikablad för utsmyckning

1 msk extra virgin olivolja

1 msk tjock balsamvinäger*

½ tsk Maldon flagigt havssalt eller en otillräcklig ¼

tesked fint havssalt

Knäckmalen mörkpeppar

Vägbeskrivning:

1. Fördela de tärnade jordgubbarna över ett medelstort serveringsfat eller en ytlig serveringsskål. I händelse av att jordgubbarna inte är tillräckligt söta precis som du föredrar, kasta dem med en touch av nektar eller lönnsirap.

2. Strö den sönderfallna getcheddarn över jordgubbarna, släpade av den hackade basilikan. Häll över olivolja och balsamvinäger.

3. Polera av tallriken med blandade grönsaker med saltet, ett par bitar skarpmalen mörkpeppar och de sparade basilikabladen. För den mest utmärkta introduktionen, servera tallriken med blandade grönsaker snabbt.

Rester håller sig bra i kylen, dock i cirka 3 dagar.

Portioner av gurkmeja, blomkål och torskgryta:

4

Tillagningstid: 30 minuter

Ingredienser:

½ pund blomkålsbuketter

1-kilos torskfiléer, benfria, skinnfria och tärnade 1 msk olivolja

1 gul lök, hackad

½ tesked spiskummin

1 grön chili, hackad

¼ tesked gurkmejapulver

2 tomater hackade

En nypa salt och svartpeppar

½ dl kycklingfond

1 msk koriander, hackad

Vägbeskrivning:

1. Hetta upp en gryta med oljan på medelvärme, tillsätt lök, chili, spiskummin och gurkmeja, rör om och koka i 5 minuter.

2. Tillsätt blomkålen, fisken och övriga ingredienser, rör om, låt sjuda och koka på medelvärme i ytterligare 25 minuter.

3. Dela grytan i skålar och servera.

<u>Näringsinformation:</u>kalorier 281, fett 6, fibrer 4, kolhydrater 8, protein 12

Portioner av valnötter och sparris: 4

Tillagningstid: 5 minuter

Ingredienser:

1 och ½ msk olivolja

¾ pund sparris, putsad

¼ kopp valnötter, hackade

Solrosfrön och peppar efter smak

Vägbeskrivning:

1. Ställ en stekpanna på medelvärme, tillsätt olivolja och låt den värmas upp.

2. Tillsätt sparris, fräs i 5 minuter tills den fått färg.

3. Krydda med solrosfrön och peppar.

4. Ta bort värmen.

5. Tillsätt valnötter och blanda.

Näringsinformation:Kalorier: 124Fett: 12gKolhydrater: 2gProtein: 3g

Alfredo Zucchini Pasta Ingredienser:

2 medelstora zucchinis spiraliserade

1-2 TB vegansk parmesan (godkänd)

Snabb Alfredo sås

1/2 kopp råa cashewnötter dränkta i ett par timmar eller i bubblande vatten
i 10 minuter

2 TB citronsaft

3 TB närande jäst

2 tsk vit miso (kan subtamari, sojasås eller kokosnöt)

1 tsk lökpulver

1/2 tsk vitlökspulver

1/4-1/2 kopp vatten

Vägbeskrivning:

1. Spiralisera zucchininudlar.

2. Tillsätt alla alfredo fixings till en snabb mixer (börja med 1/4 kopp vatten)
och mixa tills det är slätt. I händelse av att din sås är för tjock, tillsätt mer
vatten en matsked på en gång tills du får den konsistens du letar efter.

3. Toppa zucchininudlar med Alfredosås och om du vill ha en vegetarisk
barnvagn.

Quinoa kalkon kyckling ingredienser:

1 dl quinoa, spolad

3-1/2 koppar vatten, isolerat

1/2-pund mager mald kalkon

1 enorm söt lök, hackad

1 medelsöt röd paprika, hackad

4 vitlöksklyftor, hackade

1 msk böngrytapulver

1 msk mald spiskummin

1/2 tsk mald kanel

2 burkar (15 ounces vardera) mörka bönor, spolade och utarmade 1 burk (28 ounces) pressade tomater

1 medelstor zucchini, riven

1 chipotlepeppar i adobosås, riven

1 msk adobosås

1 smalnar blad

1 tsk torkad oregano

1/2 tsk salt

1/4 tsk peppar

1 kopp stelnad majs, upptinad

1/4 kopp finhackad krisp koriander

Diskretionär garnering: Kärnad avokado, förstörd Monterey Jack cheddar

Vägbeskrivning:

1. Värm quinoa och 2 dl vatten tills den kokar i en enorm panna. Minska värmen; bred ut och stuva i 12-15 minuter eller tills vattnet hålls kvar. Utvisa från värmen; lätta med en gaffel och lägg på en säker plats.

2. Koka sedan kalkon, lök, röd paprika och vitlök i en enorm panna täckt med matlagningsdusch på medelvärme tills köttet aldrig mer är rosa och grönsakerna är känsliga; kanal. Blanda i böngrytapulvret, spiskummin och kanel; koka 2 minuter längre.

När du vill, presentera med diskretionära garnering.

3. Inkludera de mörka bönorna, tomaterna, zucchinin, chipotlepeppar, adobosås, ljudblad, oregano, salt, peppar och det återstående vattnet.

Värm till kokpunkten. Minska värmen; bred ut och stuva i 30

minuter. Blanda i majs och quinoa; värma igenom. Kassera smalt blad; blanda i koriander. Presenteras med diskretionära fästen efter önskemål.

4. Frysalternativ: Frys in kyld gryta i svalare fack.

För att använda, ofullständigt tina i kylen på medellång sikt. Värm igenom i en kastrull, blanda då och då; inkludera juice eller vatten om det är nödvändigt.

Portioner av vitlök och squashnudlar: 4

Tillagningstid: 15 minuter

Ingredienser:

För att tillaga sås

¼ kopp kokosmjölk

6 stora datum

2/3g riven kokos

6 vitlöksklyftor

2 msk ingefärspasta

2 msk röd currypasta

För att förbereda nudlar

1 Stora koka squashnudlar

½ Julienne skurna morötter

½ Julienneskuren zucchini

1 liten röd paprika

¼ kopp cashewnötter

Vägbeskrivning:

1. För att göra sås, blanda alla ingredienser och gör en tjock puré.

2. Skär spaghetti squash på längden och gör nudlar.

3. Pensla bakplåten lätt med olivolja och grädda squashnudlar i 40C i 5-6 minuter.

4. För servering, blanda in nudlar och puré i en skål. Eller servera puré tillsammans med nudlarna.

Näringsinformation:Kalorier 405 Kolhydrater: 107g Fett: 28g Protein: 7g

Ångad öring med röda bönor och chilisalsaportioner: 1

Tillagningstid: 16 minuter

Ingredienser:

4 ½ oz körsbärstomater, halverade

1/4 avokado, oskalad

6 oz skinnfri havsöringsfilé

Korianderblad att servera

2 tsk olivolja

Limeklyftor, att servera

4 ½ oz konserverade röda kidneybönor, sköljda och avrunna 1/2 rödlök, tunt skivad

1 msk picklad jalapenos, avrunnen

1/2 tsk malen spiskummin

4 sicilianska oliver/gröna oliver

Vägbeskrivning:

1. Lägg en ångkorg över en kastrull med sjudande vatten. Lägg fisken i korgen och täck, koka i 10-12 minuter.

2. Ta bort fisken och låt den sedan vila några minuter. Under tiden, förvärm lite olja i en panna.

3. Tillsätt inlagda jalapenos, röda kidneybönor, oliver, 1/2 tsk spiskummin och körsbärstomater. Koka i ca 4-5 minuter under konstant omrörning.

4. Ös upp bönsmeten på ett serveringsfat, följt av öring.

Lägg koriander och lök ovanpå.

5. Servera tillsammans med limeklyftor och avokado. Njut av ångad havsöring med röda bönor och chilisalsa!

Näringsinformation:243 kalorier 33,2 g fett 18,8 g totalt kolhydrater 44 g protein

Portioner av sötpotatis och kalkonsoppa: 4

Tillagningstid: 45 minuter

Ingredienser:

2 matskedar olivolja

1 gul lök, hackad

1 grön paprika, hackad

2 sötpotatisar, skalade och tärnade

1 pund kalkonbröst, utan skinn, benfritt och i tärningar 1 tsk koriander, mald

En nypa salt och svartpeppar

1 tsk söt paprika

6 dl kycklingfond

Saft av 1 lime

En näve persilja, hackad

Vägbeskrivning:

1. Hetta upp en gryta med oljan på medelvärme, tillsätt löken, paprikan och sötpotatisen, rör om och låt koka i 5 minuter.

2. Lägg i köttet och bryn i 5 minuter till.

3. Tillsätt resten av ingredienserna, rör om, låt sjuda och koka på medelvärme i ytterligare 35 minuter.

4. Häll upp soppan i skålar och servera.

<u>Näringsinformation:</u>kalorier 203, fett 5, fibrer 4, kolhydrater 7, protein 8

Miso stekt laxportioner: 2

Tillagningstid: 20 minuter

Ingredienser:

2 msk. Lönnsirap

2 citroner

¼ kopp Miso

¼ tsk. Peppar, mald

2 limefrukter

2 ½ lb. Lax, skinn-på

En skvätt cayennepeppar

2 msk. Extra virgin olivolja

¼ kopp Miso

Vägbeskrivning:

1. Blanda först limesaften och citronsaften i en liten skål tills det är väl blandat.

2. Skeda sedan i miso, cayennepeppar, lönnsirap, olivolja och peppar. Kombinera väl.

3. Lägg sedan laxen på en bakplåtspappersklädd plåt med skinnsidan nedåt.

4. Pensla laxen rikligt med miso-citronblandningen.

5. Lägg nu de halverade citron- och limebitarna på sidorna med den skurna sidan uppåt.

6. Grädda dem till sist i 8 till 12 minuter eller tills fisken flagnar.

<u>Näringsinformation:</u>Kalorier: 230KcalProteiner: 28,3g Kolhydrater: 6,7gFett: 8,7g

Helt enkelt sauterade flingiga filéportioner: 6

Tillagningstid: 8 minuter

Ingredienser:

6-filéer tilapia

2 msk olivolja

1-st citron, juice

Salta och peppra efter smak

¼ kopp persilja eller koriander, hackad

Vägbeskrivning:

1. Fräs tilapiafiléer med olivolja i en medelstor stekpanna på medelvärme. Koka i 4 minuter på varje sida tills fisken flagnar lätt med en gaffel.

2. Tillsätt salt och peppar efter smak. Häll citronsaften till varje filé.

3. För att servera, strö över de kokta filéerna med hackad persilja eller koriander.

Näringsinformation:Kalorier: 249 KalFett: 8,3 g Protein: 18,6 g Kolhydrater: 25,9

Fiber: 1 g

Pork Carnitas: 10

Tillagningstid: 8 timmar. 10 minuter

Ingredienser:

5 lbs. fläskaxel

2 vitlöksklyftor, hackade

1 tsk svartpeppar

1/4 tsk kanel

1 tsk torkad oregano

1 tsk malen spiskummin

1 lagerblad

2 oz kycklingbuljong

1 tsk limejuice

1 msk chilipulver

1 msk salt

Vägbeskrivning:

1. Tillsätt fläsk tillsammans med resten av ingredienserna i en Slow Cooker.

2. Sätt på locket och koka i 8 timmar. på låg värme.

3. När det är klart, strimla det kokta fläsket med en gaffel.

4. Bred ut detta strimlade fläsk på en bakplåt.

5. Stek i 10 minuter och servera sedan.

<u>Näringsinformation:</u>Kalorier 547 Fett 39 g, Kolhydrater 2,6 g, Fiber 0 g, Protein 43 g

Vit Fiskchowder Med Grönsaker

Portioner: 6 till 8

Tillagningstid: 32 till 35 minuter

Ingredienser:

3 sötpotatisar, skalade och skurna i ½-tums bitar 4 morötter, skalade och skurna i ½-tums bitar 3 dl fullfet kokosmjölk

2 koppar vatten

1 tsk torkad timjan

½ tsk havssalt

10½ uns (298 g) vit fisk, skinnfri och fast, som torsk eller hälleflundra, skuren i bitar

Vägbeskrivning:

1. Tillsätt sötpotatis, morötter, kokosmjölk, vatten, timjan och havssalt i en stor kastrull på hög värme och låt koka upp.

2. Sänk värmen till låg, täck över och låt sjuda i 20 minuter tills grönsakerna är mjuka, rör om då och då.

3. Häll hälften av soppan i en mixer och puré tills den är ordentligt blandad och slät, lägg sedan tillbaka den i grytan.

4. Rör ner fiskbitarna och fortsätt tillagan i ytterligare 12

till 15 minuter, eller tills fisken är genomstekt.

5. Ta av från värmen och servera i skålar.

<u>Näringsinformation:</u>kalorier: 450 ; fett: 28,7 g; protein: 14,2 g; kolhydrater: 38,8 g; fiber: 8,1 g; socker: 6,7 g; natrium: 250mg

Citronmusslor Portioner: 4

Ingredienser:

1 msk. extra virgin extra virgin olivolja 2 hackade vitlöksklyftor

2 lbs. skrubbade musslor

Saften av en citron

Vägbeskrivning:

1. Häll lite vatten i en gryta, tillsätt musslor, låt koka upp på medelvärme, koka i 5 minuter, kassera oöppnade musslor och överför dem med en skål.

2. I en annan skål, blanda oljan med vitlök och färskpressad citronsaft, vispa väl och lägg över musslorna, rör om och servera.

3. Njut!

<u>Näringsinformation:</u>Kalorier: 140, fett: 4 g, kolhydrater: 8 g, protein: 8 g, socker: 4 g, natrium: 600 mg,

Lime & Chili Lax Portioner: 2

Tillagningstid: 8 minuter

Ingredienser:

1 pund lax

1 msk limejuice

½ tsk peppar

½ tsk chilipulver

4 limeskivor

Vägbeskrivning:

1. Ringla lax med limejuice.

2. Strö peppar och chilipulver på båda sidor.

3. Tillsätt lax i airfryern.

4. Lägg limeskivor ovanpå laxen.

5. Luftsteka vid 375 grader F i 8 minuter.

Ostaktig tonfiskpastaportioner: 3-4

Ingredienser:

2 c. ruccola

¼ c. hackad salladslök

1 msk. röd vinäger

5 oz. avrunnen konserverad tonfisk

¼ tsk. svartpeppar

2 oz. kokt fullkornspasta

1 msk. olivolja

1 msk. riven låg fetthalt parmesan

Vägbeskrivning:

1. Koka pastan i osaltat vatten tills den är klar. Häll av och ställ åt sidan.

2. Blanda tonfisk, salladslök, vinäger, olja, ruccola, pasta och svartpeppar noggrant i en skål av stor storlek.

3. Rör om väl och toppa med osten.

4. Servera och njut.

<u>Näringsinformation:</u>Kalorier: 566,3, fett: 42,4 g, kolhydrater: 18,6 g, protein: 29,8 g, socker: 0,4 g, natrium: 688,6 mg

Portioner med kokosskorpa fiskremsor: 4

Tillagningstid: 12 minuter

Ingredienser:

Marinad

1 msk sojasås

1 tsk mald ingefära

½ kopp kokosmjölk

2 msk lönnsirap

½ kopp ananasjuice

2 tsk varm sås

Fisk

1 pund fiskfilé, skivad i strimlor

Peppar efter smak

1 kopp ströbröd

1 kopp kokosflingor (osötade)

Matlagningsspray

Vägbeskrivning:

1. Blanda marinadens ingredienser i en skål.

2. Rör ner fiskremsor.

3. Täck över och ställ i kylen i 2 timmar.

4. Förvärm din airfryer till 375 grader F.

5. Blanda peppar, ströbröd och kokosflingor i en skål.

6. Doppa fiskremsor i ströbrödsblandningen.

7. Spraya din air fryer-korg med olja.

8. Lägg fiskremsor i air fryer-korgen.

9. Luftstek i 6 minuter per sida.

Mexikanska fiskportioner: 2

Tillagningstid: 10 minuter

Ingredienser:

4 fiskfiléer

2 tsk mexikansk oregano

4 tsk spiskummin

4 tsk chilipulver

Peppar efter smak

Matlagningsspray

Vägbeskrivning:

1. Förvärm din airfryer till 400 grader F.

2. Spraya fisken med olja.

3. Krydda båda sidor av fisken med kryddor och peppar.

4. Lägg fisken i air fryer-korgen.

5. Koka i 5 minuter.

6. Vänd och koka i ytterligare 5 minuter.

Öring med gurksalsaportioner: 4

Tillagningstid: 10 minuter

Ingredienser:

Salsa:

1 engelsk gurka, tärnad

¼ kopp osötad kokosyoghurt

2 msk hackad färsk mynta

1 salladslök, vita och gröna delar, hackad

1 tsk rå honung

Havssalt

Fisk:

4 (5-ounce) öringfiléer, torrkladdade

1 msk olivolja

Havssalt och nymalen svartpeppar efter smak<u>Vägbeskrivning:</u>

1. Gör salsan: Rör ihop yoghurt, gurka, mynta, salladslök, honung och havssalt i en liten skål tills det är helt blandat. Avsätta.

2. Gnid in öringfiléerna lätt med havssalt och peppar på en ren arbetsyta.

3. Hetta upp olivoljan i en stor stekpanna på medelvärme. Lägg till öringfiléerna i den varma stekpannan och stek i cirka 10 minuter, vänd fisken halvvägs eller tills fisken är tillagad efter din smak.

4. Fördela salsan ovanpå fisken och servera.

<u>Näringsinformation:</u>kalorier: 328 ; fett: 16,2g; protein: 38,9 g; kolhydrater: 6,1g

; fiber: 1,0 g; socker: 3,2g; natrium: 477mg

Citronzoodles med räkor: 4

Tillagningstid: 0 minuter

Ingredienser:

Sås:

½ kopp packade färska basilikablad

Saft av 1 citron (eller 3 matskedar)

1 tsk hackad vitlök på flaska

Nypa havssalt

Nyp nymald svartpeppar

¼ kopp konserverad helfet kokosmjölk

1 stor gul squash, skuren eller spiraliserad 1 stor zucchini, skuren eller spiraliserad

1 pund (454 g) räkor, urvattnade, kokta, skalade och kylda Skal av 1 citron (valfritt)

Vägbeskrivning:

1. Gör såsen: Bearbeta basilikablad, citronsaft, vitlök, havssalt och peppar i en matberedare tills de är ordentligt hackade.

2. Häll sakta i kokosmjölken medan processorn fortfarande är igång. Pulsera tills den är slät.

3. Lägg över såsen till en stor skål tillsammans med den gula squashen och zucchinin. Kasta väl.

4. Strö ut räkor och citronskal (om så önskas) ovanpå nudlarna. Servera omedelbart.

<u>Näringsinformation:</u>kalorier: 246 ; fett: 13,1g; protein: 28,2 g; kolhydrater: 4,9 g

; fiber: 2,0 g; socker: 2,8 g; natrium: 139mg

Krispiga räkorportioner: 4

Tillagningstid: 3 minuter

Ingredienser:

1 lb. räkor, skalade och deveirade

½ kopp fiskpaneringsmix

Matlagningsspray

Vägbeskrivning:

1. Förvärm din airfryer till 390 grader F.

2. Spraya räkor med olja.

3. Bestryk med paneringsblandningen.

4. Spraya air fryer korgen med olja.

5. Lägg räkor i air fryer korgen.

6. Koka i 3 minuter.

Stekt havsabborre Portioner: 2

Ingredienser:

2 hackade vitlöksklyftor

Peppar.

1 msk. citron juice

2 vita havsabborrefiléer

¼ tsk. örtkrydda blandning

Vägbeskrivning:

1. Spraya en broilerpanna med lite olivolja och lägg filéerna på den.

2. Strö citronsaft, vitlök och kryddorna över filéerna.

3. Stek i ca 10 min eller tills fisken är gyllene.

4. Servera över en bädd av sauterad spenat om så önskas.

Näringsinformation:Kalorier: 169, Fett: 9,3 g, Kolhydrater: 0,34 g, Protein: 15,3

g, sockerarter: 0,2 g, natrium: 323 mg

Portioner av laxkakor: 4

Tillagningstid: 10 minuter

Ingredienser:

Matlagningsspray

1 pund laxfilé, flingad

¼ kopp mandelmjöl

2 tsk Old Bay-krydda

1 salladslök, hackad

Vägbeskrivning:

1. Förvärm din airfryer till 390 grader F.

2. Spraya din air fryer-korg med olja.

3. Blanda de återstående ingredienserna i en skål.

4. Forma biffar av blandningen.

5. Spraya båda sidorna av biffarna med olja.

6. Luftsteka i 8 minuter.

Kryddig torskportioner: 4

Ingredienser:

2 msk. Färsk hackad persilja

2 lbs. torskfiléer

2 c. salsa med låg natriumhalt

1 msk. smaklös olja

Vägbeskrivning:

1. Värm ugnen till 350∘F.

2. Ringla olja längs botten i en stor, djup ugnsform.

Lägg torskfiléerna i fatet. Häll salsan över fisken. Täck med folie i 20 minuter. Ta bort folien de sista 10 minuterna av tillagningen.

3. Grädda i ugnen i 20 – 30 minuter, tills fisken är flagnig.

4. Servera med vitt eller brunt ris. Garnera med persilja.

Näringsinformation:Kalorier: 110, fett: 11 g, kolhydrater: 83 g, protein: 16,5 g, socker: 0 g, natrium: 122 mg

Påläggsportioner med rökt öring: 2

Ingredienser:

2 tsk. Färsk citronsaft

½ c. keso med låg fetthalt

1 tärnad selleristjälk

¼ lb flådd rökt öringfilé,

½ tsk. Worcestershire sås

1 tsk. varm pepparsås

¼ c. grovhackad rödlök

Vägbeskrivning:

1. Kombinera öring, keso, rödlök, citronsaft, pepparsås och Worcestershiresås i en mixer eller matberedare.

2. Bearbeta tills den är slät, stanna för att skrapa ner sidorna av skålen efter behov.

3. Vänd ner den tärnade sellerin.

4. Förvara i en lufttät behållare i kylen.

<u>Näringsinformation:</u>Kalorier: 57, fett: 4 g, kolhydrater: 1 g, protein: 4 g, socker: 0 g, natrium: 660 mg

Portioner tonfisk och schalottenlök: 4

Ingredienser:

½ c. kycklingfond med låg natriumhalt

1 msk. olivolja

4 ben- och skinnfria tonfiskfiléer

2 hackade schalottenlök

1 tsk. söt paprika

2 msk. limejuice

¼ tsk. svartpeppar

Vägbeskrivning:

1. Hetta upp en panna med oljan på medelhög värme, tillsätt schalottenlök och fräs i 3 minuter.

2. Lägg i fisken och koka den i 4 minuter på varje sida.

3. Tillsätt resten av ingredienserna, koka allt i 3 minuter till, dela mellan tallrikar och servera.

Näringsinformation:Kalorier: 4040, Fett:34,6 g, Kolhydrater:3 g, Protein:21,4 g, Sockerarter:0,5 g, Natrium:1000 mg

Citronpeppar Räkportioner: 2

Tillagningstid: 10 minuter

Ingredienser:

1 msk citronsaft

1 msk olivolja

1 tsk citronpeppar

¼ tesked vitlökspulver

¼ tesked paprika

12 oz. räkor, skalade och deveirade

Vägbeskrivning:

1. Förvärm din airfryer till 400 grader F.

2. Blanda citronsaft, olivolja, citronpeppar, vitlökspulver och paprika i en skål.

3. Rör i räkor och täck jämnt med blandningen.

4. Lägg till i air fryer.

5. Koka i 8 minuter.

Serveringar med varm tonfiskstek: 6

Ingredienser:

2 msk. Färsk citronsaft

Peppar.

Rostad apelsinvitlöksmajonnäs

¼ c. hela svartpepparkorn

6 skivade tonfiskbiffar

2 msk. Extra virgin olivolja

Salt

Vägbeskrivning:

1. Lägg tonfisken i en skål så att den passar. Tillsätt olja, citronsaft, salt och peppar. Vänd tonfisken så att den täcks väl i marinaden. Låt vila 15 till 20 minuter, vrid en gång.

2. Lägg pepparkornen i dubbeltjocka plastpåsar. Knacka på pepparkornen med en tjock kastrull eller liten klubba för att krossa dem grovt. Lägg på en stor tallrik.

3. När du är redo att tillaga tonfisken, doppa kanterna i de krossade pepparkornen. Värm en nonstick-panna på medelvärme. Bryn tonfiskbiffarna, i omgångar om det behövs, i 4 minuter per sida för medelsällsynt fisk, tillsätt 2 till 3 matskedar av marinaden i stekpannan om det behövs för att förhindra att de fastnar.

4. Servera rikligt med rostad apelsinvitlöksmajonnäs<u>Näringsinformation:</u>Kalorier: 124, fett: 0,4 g, kolhydrater: 0,6 g, protein: 28 g, socker: 0 g, natrium: 77 mg

Cajun laxportioner: 2

Tillagningstid: 10 minuter

Ingredienser:

2 laxfiléer

Matlagningsspray

1 msk Cajun-krydda

1 matsked honung

Vägbeskrivning:

1. Förvärm din airfryer till 390 grader F.

2. Spraya båda sidor av fisken med olja.

3. Strö över Cajun-krydda.

4. Spraya air fryer korgen med olja.

5. Lägg lax i air fryer-korgen.

6. Luftsteka i 10 minuter.

Quinoa Lax Skål Med Grönsaker

Portioner: 4

Tillagningstid: 0 minuter

Ingredienser:

1 pund (454 g) kokt lax, flingad

4 koppar kokt quinoa

6 rädisor, tunt skivade

1 zucchini, skivad i halvmånar

3 koppar ruccola

3 salladslökar, hackade

½ kopp mandelolja

1 tsk sockerfri varm sås

1 msk äppelcidervinäger

1 tsk havssalt

½ kopp rostade mandelskivor, för garnering (valfritt)Vägbeskrivning:

1. I en stor skål, blanda ihop laxflingor, kokt quinoa, rädisor, zucchini, ruccola och salladslök och rör om väl.

2. Vänd ner mandelolja, varm sås, äppelcidervinäger och havssalt och blanda ihop.

3. Fördela blandningen i fyra skålar. Strö ut varje skål jämnt med de strimlade mandlarna för garnering, om så önskas. Servera omedelbart.

<u>Näringsinformation:</u>kalorier: 769 ; fett: 51,6g; protein: 37,2 g; kolhydrater: 44,8 g; fiber: 8,0 g; socker: 4,0 g; natrium: 681mg

Smulad fiskportioner: 4

Tillagningstid: 15 minuter

Ingredienser:

¼ kopp olivolja

1 kopp torrt ströbröd

4 vita fiskfiléer

Peppar efter smak

Vägbeskrivning:

1. Förvärm din airfryer till 350 grader F.

2. Strö båda sidor av fisken med peppar.

3. Blanda olja och ströbröd i en skål.

4. Doppa fisken i blandningen.

5. Pressa ströbröd så att det fäster.

6. Lägg fisken i fritösen.

7. Koka i 15 minuter.

Enkla laxbiffar: 4

Tillagningstid: 8 till 10 minuter

Ingredienser:

1 pund (454 g) urbenad laxfilé utan skinn, hackad ¼ kopp finhackad sötlök

½ kopp mandelmjöl

2 vitlöksklyftor, hackade

2 ägg, vispade

1 tsk dijonsenap

1 msk färskpressad citronsaft

Dash röd paprikaflingor

½ tsk havssalt

¼ tesked nymalen svartpeppar

1 msk avokadoolja

Vägbeskrivning:

1. Blanda laxfärs, sötlök, mandelmjöl, vitlök, vispad ägg, senap, citronsaft, rödpepparflingor, havssalt och peppar i en stor skål och rör om tills det är väl inkorporerat.

2. Låt laxblandningen vila i 5 minuter.

3. Gröp ur laxblandningen och forma till fyra ½ tum tjocka biffar med händerna.

4. Värm avokadooljan i en stor stekpanna på medelvärme. Lägg till biffarna i den varma stekpannan och stek på varje sida i 4 till 5 minuter tills de är lätt brynta och genomstekta.

5. Ta av från värmen och servera på ett fat.

<u>Näringsinformation:</u>kalorier: 248 ; fett: 13,4g; protein: 28,4 g; kolhydrater: 4,1g

; fiber: 2,0 g; socker: 2,0 g; natrium: 443mg

Popcorn räkor portioner: 4

Tillagningstid: 10 minuter

Ingredienser:

½ tesked lökpulver

½ tsk vitlökspulver

½ tsk paprika

¼ tesked mald senap

⅛ tesked torkad salvia

⅛ tesked mald timjan

⅛ tesked torkad oregano

⅛ tesked torkad basilika

Peppar efter smak

3 matskedar majsstärkelse

1 lb. räkor, skalade och deveirade

Matlagningsspray

Vägbeskrivning:

1. Blanda alla ingredienser utom räkor i en skål.

2. Belägg räkor med blandningen.

3. Spraya air fryer korgen med olja.

4. Förvärm din airfryer till 390 grader F.

5. Lägg räkor inuti.

6. Luftsteka i 4 minuter.

7. Skaka korgen.

8. Koka i ytterligare 5 minuter.

Kryddig bakad fiskportioner: 5

Ingredienser:

1 msk. olivolja

1 tsk. kryddsaltfri krydda

1 pund laxfilé

Vägbeskrivning:

1. Värm ugnen till 350F.

2. Strö fisken med olivolja och kryddningen.

3. Grädda i 15 min utan lock.

4. Skiva och servera.

<u>Näringsinformation:</u>Kalorier: 192, Fett: 11 g, Kolhydrater: 14,9 g, Protein: 33,1 g, Sockerarter: 0,3 g, Natrium: 505 6 mg

Paprika tonfisk portioner: 4

Ingredienser:

½ tsk. Chili pulver

2 tsk. söt paprika

¼ tsk. svartpeppar

2 msk. olivolja

4 benfria tonfiskbiffar

Vägbeskrivning:

1. Hetta upp en panna med oljan på medelhög värme, lägg i tonfiskbiffarna, smaka av med paprika, svartpeppar och chilipulver, koka 5 minuter på varje sida, dela mellan tallrikar och servera med en sallad till.

Näringsinformation:Kalorier: 455, Fett: 20,6 g, Kolhydrater: 0,8 g, Protein: 63,8

g, sockerarter: 7,4 g, natrium: 411 mg

Portioner med fiskbiffar: 2

Tillagningstid: 7 minuter

Ingredienser:

8 oz. vit fiskfilé, flingad

Vitlökspulver efter smak

1 tsk citronsaft

Vägbeskrivning:

1. Förvärm din airfryer till 390 grader F.

2. Kombinera alla ingredienserna.

3. Forma biffar av blandningen.

4. Lägg fiskbiffar i airfryern.

5. Koka i 7 minuter.

Brynta pilgrimsmusslor med honungsportioner:

4

Tillagningstid: 15 minuter

Ingredienser:

1 pund (454 g) stora pilgrimsmusslor, sköljda och klappade torra Dash havssalt

Stryk nymalen svartpeppar

2 msk avokadoolja

¼ kopp rå honung

3 matskedar kokos aminos

1 msk äppelcidervinäger

2 vitlöksklyftor, hackade

Vägbeskrivning:

1. Tillsätt pilgrimsmusslorna, havssalt och peppar i en skål och rör tills det är väl täckt.

2. Värm avokadooljan på medelhög värme i en stor stekpanna.

3. Bryn pilgrimsmusslorna i 2 till 3 minuter på varje sida, eller tills pilgrimsmusslorna blir mjölkvita eller ogenomskinliga och fasta.

4. Ta av pilgrimsmusslorna från värmen till en tallrik och tälta löst med folie för att hålla värmen. Avsätta.

5. Tillsätt honung, kokos, ättika och vitlök i stekpannan och rör om väl.

6. Låt sjuda och koka i cirka 7 minuter tills vätskan reducerats, rör om då och då.

7. Lägg tillbaka de stekta pilgrimsmusslorna i stekpannan, rör om för att täcka dem med glasyren.

8. Dela pilgrimsmusslorna på fyra tallrikar och servera varma.

Näringsinformation:kalorier: 382; fett: 18,9 g; protein: 21,2 g; kolhydrater: 26,1 g; fiber: 1,0 g; socker: 17,7g; natrium: 496mg

Torskfiléer med shiitakesvamp Portioner: 4

Tillagningstid: 15 till 18 minuter

Ingredienser:

1 vitlöksklyfta, finhackad

1 purjolök, tunt skivad

1 tsk finhackad färsk ingefära

1 msk olivolja

½ dl torrt vitt vin

½ dl skivad shiitakesvamp

4 (6-ounce / 170-g) torskfiléer

1 tsk havssalt

⅛ tesked nymalen svartpeppar

Vägbeskrivning:

1. Värm ugnen till 375ºF (190ºC).

2. Blanda samman vitlök, purjolök, ingefära, vin, olivolja och svamp i en bakpanna och rör tills svampen är jämnt täckt.

3. Grädda i den förvärmda ugnen i 10 minuter tills de fått lite färg.

4. Ta ut bakformen från ugnen. Fördela torskfiléerna ovanpå och smaka av med havssalt och peppar.

5. Täck med aluminiumfolie och sätt tillbaka till ugnen. Grädda i 5 till 8 minuter till, eller tills fisken är flagnande.

6. Ta bort aluminiumfolien och svalna i 5 minuter innan servering.

Näringsinformation:kalorier: 166 ; fett: 6,9 g; protein: 21,2 g; kolhydrater: 4,8 g; fiber: 1,0 g; socker: 1,0 g; natrium: 857mg

Stekt vit havsabborre Portioner: 2

Ingredienser:

1 tsk. finhackad vitlök

Malen svartpeppar

1 msk. citron juice

8 oz. vita havsabborrefiléer

¼ tsk. saltfri örtkryddblandning

Vägbeskrivning:

1. Förvärm broilern och placera gallret 4 tum från värmekällan.

2. Spraya lätt en bakpanna med matlagningsspray. Lägg filéerna i pannan. Strö citronsaft, vitlök, örtkrydda och peppar över filéerna.

3. Stek tills fisken är ogenomskinlig när den testas med en knivspets, cirka 8 till 10 minuter.

4. Servera genast.

Näringsinformation:Kalorier: 114, fett: 2 g, kolhydrater: 2 g, protein: 21 g, socker: 0,5 g, natrium: 78 mg

Bakad tomatkummel Portioner: 4-5

Ingredienser:

½ c. tomatsås

1 msk. olivolja

Persilja

2 skivade tomater

½ c. gratinerad ost

4 lbs. urbenad och skivad kummelfisk

Salt.

Vägbeskrivning:

1. Värm ugnen till 400 OF.

2. Krydda fisken med salt.

3. I en stekpanna eller kastrull; stek fisken i olivoljan tills den är halvstekt.

4. Ta fyra foliepapper för att täcka fisken.

5. Forma folien så att den liknar behållare; tillsätt tomatsåsen i varje foliebehållare.

6. Lägg till fisken, tomatskivorna och toppa med riven ost.

7. Grädda tills du får en gyllene skorpa, i cirka 20-25

minuter.

8. Öppna förpackningarna och toppa med persilja.

<u>Näringsinformation:</u>Kalorier: 265, fett: 15 g, kolhydrater: 18 g, protein: 22 g, sockerarter: 0,5 g, natrium: 94,6 mg

Bränd kolja med rödbetor Portioner: 4

Tillagningstid: 30 minuter

Ingredienser:

8 rödbetor, skalade och skurna i åttondelar

2 schalottenlök, tunt skivade

2 msk äppelcidervinäger

2 msk olivolja, delad

1 tsk hackad vitlök på flaska

1 tsk hackad färsk timjan

Nypa havssalt

4 (5-ounce / 142-g) koljafiléer, torrkladdade<u>Vägbeskrivning:</u>

1. Värm ugnen till 400ºF (205ºC).

2. Kombinera rödbetor, schalottenlök, vinäger, 1 msk olivolja, vitlök, timjan och havssalt i en medelstor skål och rör om så att det täcker ordentligt.

Bred ut rödbetsblandningen i en ugnsform.

3. Rosta i den förvärmda ugnen i cirka 30 minuter, vänd en eller två gånger med en spatel, eller tills rödbetorna är mjuka.

4. Värm under tiden den återstående 1 msk olivolja i en stor stekpanna på medelhög värme.

5. Tillsätt koljan och stek på varje sida i 4 till 5 minuter, eller tills köttet är ogenomskinligt och det lätt flagnar isär.

6. Lägg över fisken på ett fat och servera toppat med de rostade rödbetorna.

<u>Näringsinformation:</u>kalorier: 343 ; fett: 8,8g; protein: 38,1 g; kolhydrater: 20,9g

; fiber: 4,0 g; socker: 11,5g; natrium: 540mg

Hjärtliga tonfisksmältportioner: 4

Ingredienser:

3 oz. riven cheddarost med reducerad fetthalt

1/3 c. hackad selleri

Svartpeppar och salt

¼ c. hackad lök

2 helvete engelska muffins

6 oz. avrunnen vit tonfisk

¼ c. ryska med låg fetthalt

Vägbeskrivning:

1. Förvärm broiler. Kombinera tonfisk, selleri, lök och salladsdressing.

2. Krydda med salt och peppar.

3. Rosta engelska muffinshalvor.

4. Lägg med delad sida uppåt på en plåt och toppa vardera med 1/4 av tonfiskblandningen.

5. Stek 2-3 minuter eller tills den är genomvärmd.

6. Toppa med ost och gå tillbaka till broiler tills osten smält, ca 1 minut längre.

93

<u>Näringsinformation:</u>Kalorier: 320, Fett: 16,7 g, Kolhydrater: 17,1 g, Protein: 25,7

g, sockerarter: 5,85 g, natrium: 832 mg

Citronlax med kafferlimeportioner: 8

Ingredienser:

1 kvartad och krossad citrongrässtjälk

2 kaffir rivna limeblad

1 tunt skivad citron

1½ c. färska korianderblad

1 hel sida laxfilé

Vägbeskrivning:

1. Förvärm ugnen till 350∘F.

2. Täck en bakplåt med folieark som överlappar sidorna. 3. Lägg laxen på folien, toppa med citron, limeblad, citrongräs och 1 kopp korianderblad. Alternativ: krydda med salt och peppar.

4. För långsidan av folien till mitten innan tätningen vikas.

Rulla ändarna för att stänga laxen.

5. Grädda i 30 minuter.

6. Lägg över den kokta fisken på ett fat. Toppa med färsk koriander.

Servera med vitt eller brunt ris.

<u>Näringsinformation:</u>Kalorier: 103, fett: 11,8 g, kolhydrater: 43,5 g, protein: 18 g, sockerarter: 0,7 g, natrium: 322 mg

Mör lax i senapssås Portioner: 2

Ingredienser:

5 msk. Malet dill

2/3 c. gräddfil

Peppar.

2 msk. Dijon senap

1 tsk. vitlökspulver

5 oz. laxfiléer

2-3 msk. Citron juice

Vägbeskrivning:

1. Blanda gräddfil, senap, citronsaft och dill.

2. Krydda filéerna med peppar och vitlökspulver.

3. Lägg laxen på en plåt med skinnsidan nedåt och täck med den förberedda senapssåsen.

4. Grädda i 20 minuter vid 390°F.

<u>Näringsinformation:</u>Kalorier: 318, fett: 12 g, kolhydrater: 8 g, protein: 40,9 g, sockerarter: 909,4 g, natrium: 1,4 mg

Krabbasalladsportioner: 4

Ingredienser:

2 c. krabbkött

1 c. halverade körsbärstomater

1 msk. olivolja

Svartpeppar

1 hackad schalottenlök

1/3 c. hackad koriander

1 msk. citron juice

Vägbeskrivning:

1. Kombinera krabban med tomaterna och övriga ingredienser i en skål, rör om och servera.

Näringsinformation:Kalorier: 54, fett: 3,9 g, kolhydrater: 2,6 g, protein: 2,3 g, sockerarter: 2,3 g, natrium: 462,5 mg

Ugnsbakad lax med misosås Portioner: 4

Tillagningstid: 15 till 20 minuter

Ingredienser:

Sås:

¼ kopp äppelcider

¼ kopp vit miso

1 msk olivolja

1 msk vit risvinäger

⅛ tesked mald ingefära

4 (3- till 4-ounce / 85- till 113-g) benfria laxfiléer 1 skivad salladslök, för garnering

⅛ tsk röd paprikaflingor, till garnering

Vägbeskrivning:

1. Värm ugnen till 375ºF (190ºC).

2. Gör såsen: Vispa ihop äppelcidern, vit miso, olivolja, risvinäger, ingefära i en liten skål. Tillsätt lite vatten om en tunnare konsistens önskas.

3. Lägg laxfiléerna i en ugnsform med skinnsidan nedåt. Häll den beredda såsen över filéerna så att de blir jämnt täckta.

4. Grädda i den förvärmda ugnen i 15 till 20 minuter, eller tills fisken lätt flagnar med en gaffel.

5. Garnera med den skivade salladslöken och rödpepparflingorna och servera.

<u>Näringsinformation:</u>kalorier: 466 ; fett: 18,4g; protein: 67,5 g; kolhydrater: 9,1g

; fiber: 1,0 g; socker: 2,7 g; natrium: 819mg

Örtöverdragen bakad torsk med honungsportioner: 2

Ingredienser:

6 msk. Fyllning med örtsmak

8 oz. torskfiléer

2 msk. Honung

Vägbeskrivning:

1. Värm ugnen till 375 OF.

2. Spraya en bakpanna lätt med matlagningsspray.

3. Lägg den örtsmakande fyllningen i en påse och stäng. Pressa ihop fyllningen tills den blir smulig.

4. Belägg fiskarna med honung och bli av med den återstående honungen.

Lägg en filé i påsen med fyllningen och skaka försiktigt så att fisken täcks helt.

5. För över torsken till bakformen och upprepa processen för den andra fisken.

6. Slå in filéerna med folie och grädda tills de är fasta och ogenomskinliga hela tiden när du testar med spetsen på ett knivblad, cirka tio minuter.

7. Servera varm.

<u>Näringsinformation:</u>Kalorier: 185, Fett: 1 g, Kolhydrater: 23 g, Protein: 21 g, Sockerarter: 2 g, Natrium: 144,3 mg

Parmesan Torskmix Portioner: 4

Ingredienser:

1 msk. citron juice

½ c. hackad salladslök

4 benfria torskfiléer

3 hackade vitlöksklyftor

1 msk. olivolja

½ c. strimlad låg fetthalt parmesanost

Vägbeskrivning:

1. Hetta upp en panna med oljan på medelvärme, tillsätt vitlöken och salladslöken, rör om och fräs i 5 minuter.

2. Lägg i fisken och koka den i 4 minuter på varje sida.

3. Tillsätt citronsaften, strö över parmesanen, koka allt i 2 minuter till, dela mellan tallrikar och servera.

Näringsinformation:Kalorier: 275, fett: 22,1 g, kolhydrater: 18,2 g, protein: 12 g, sockerarter: 0,34 g, natrium: 285,4 mg

Krispiga vitlöksräkorportioner: 4

Tillagningstid: 10 minuter

Ingredienser:

1 lb. räkor, skalade och deveirade

2 tsk vitlökspulver

Peppar efter smak

¼ kopp mjöl

Matlagningsspray

Vägbeskrivning:

1. Krydda räkor med vitlökspulver och peppar.

2. Bestryk med mjöl.

3. Spraya din air fryer korg med olja.

4. Lägg räkor i air fryer-korgen.

5. Koka vid 400 grader F i 10 minuter, skaka en gång halvvägs.

Krämig havsabborremixportioner: 4

Ingredienser:

1 msk. hackad persilja

2 msk. avokado olja

1 c. kokosgrädde

1 msk. limejuice

1 hackad gul lök

¼ tsk. svartpeppar

4 benfria havsabborrefiléer

Vägbeskrivning:

1. Hetta upp en panna med oljan på medelvärme, tillsätt löken, rör om och fräs i 2 minuter.

2. Lägg i fisken och koka den i 4 minuter på varje sida.

3. Tillsätt resten av ingredienserna, koka allt i 4 minuter till, dela mellan tallrikar och servera.

Näringsinformation:Kalorier: 283, fett: 12,3 g, kolhydrater: 12,5 g, protein: 8 g, sockerarter: 6 g, natrium: 508,8 mg

Portioner av gurka Ahi Poke: 4

Tillagningstid: 0 minuter

Ingredienser:

Ahi Poke:

1 pund (454 g) ahi-tonfisk av sushikvalitet, skuren i 1-tums tärningar 3 matskedar kokosnötaminos

3 salladslökar, tunt skivade

1 serrano chile, urkärnad och hackad (valfritt) 1 tsk olivolja

1 tsk risvinäger

1 tsk rostade sesamfrön

Dash mald ingefära

1 stor avokado, tärnad

1 gurka, skivad i ½ tum tjocka rundlar<u>Vägbeskrivning:</u>

1. Gör ahi-poken: Kasta ahi-tonfisktärningarna med kokosaminos, salladslök, serrano chile (om så önskas), olivolja, vinäger, sesamfrön och ingefära i en stor skål.

2. Täck skålen med plastfolie och marinera i kylen i 15

minuter.

3. Lägg till den tärnade avokadon i skålen med ahi-poke och rör om så att den blir inkorporerad.

4. Lägg upp gurkrundorna på ett serveringsfat. Häll ahi-poken över gurkan och servera.

<u>Näringsinformation:</u>kalorier: 213 ; fett: 15,1g; protein: 10,1 g; kolhydrater: 10,8 g; fiber: 4,0 g; socker: 0,6 g; natrium: 70mg

Minty Cod Mix Portioner: 4

Ingredienser:

4 benfria torskfiléer

½ c. kycklingfond med låg natriumhalt

2 msk. olivolja

¼ tsk. svartpeppar

1 msk. hackad mynta

1 tsk. rivet citronskal

¼ c. hackad schalottenlök

1 msk. citron juice

Vägbeskrivning:

1. Hetta upp en panna med oljan på medelvärme, tillsätt schalottenlök, rör om och fräs i 5 minuter.

2. Tillsätt torsken, citronsaften och övriga ingredienser, låt sjuda och koka på medelvärme i 12 minuter.

3. Dela allt mellan tallrikar och servera.

<u>Näringsinformation:</u>Kalorier: 160, fett: 8,1 g, kolhydrater: 2 g, protein: 20,5 g, socker: 8 g, natrium: 45 mg

Citron- och krämig tilapiaportioner: 4

Ingredienser:

2 msk. Hackad färsk koriander

¼ c. majonnäs med låg fetthalt

Nymalen svartpeppar

¼ c. färsk citronsaft

4 tilapiafiléer

½ c. riven låg fetthalt parmesanost

½ tsk. vitlökspulver

Vägbeskrivning:

1. Blanda ihop alla ingredienser utom tilapiafiléer och koriander i en skål.

2. Belägg filéerna med majonnäsblandning jämnt.

3. Lägg filéerna på ett stort foliepapper. Linda foliepapperet runt filéerna för att täta dem.

4. Ordna foliepaketet i botten av en stor långkokare.

5. Ställ långsamkokaren på låg.

6. Täck över och koka i 3-4 timmar.

7. Servera med garnering av koriander.

<u>Näringsinformation:</u>Kalorier: 133,6, fett: 2,4 g, kolhydrater: 4,6 g, protein: 22 g, sockerarter: 0,9 g, natrium: 510,4 mg

Fisktacos portioner: 4

Tillagningstid: 20 minuter

Ingredienser:

Matlagningsspray

1 msk olivolja

4 koppar kålslaw

1 msk äppelcidervinäger

1 msk limejuice

Nyp cayennepeppar

Peppar efter smak

2 msk tacokrydda mix

¼ kopp universalmjöl

1 pund torskfilé, skivad i tärningar

4 majstortillas

Vägbeskrivning:

1. Förvärm din airfryer till 400 grader F.

2. Spraya din air fryer-korg med olja.

3. Blanda olivolja, kålsallad, vinäger, limejuice, cayennepeppar och peppar i en skål.

4. Blanda tacokrydda och mjöl i en annan skål.

5. Klä fisktärningarna med tacokryddablandningen.

6. Lägg dessa i air fryer-korgen.

7. Luftsteka i 10 minuter, skaka halvvägs igenom.

8. Toppa majstortillorna med fisk- och kålslawblandningen och rulla ihop dem.

Portioner med ingefära havsabborremix: 4

Ingredienser:

4 benfria havsabborrefiléer

2 msk. olivolja

1 tsk. riven ingefära

1 msk. hackad koriander

Svartpeppar

1 msk. balsamvinäger

Vägbeskrivning:

1. Hetta upp en panna med oljan på medelvärme, lägg i fisken och låt koka i 5 minuter på varje sida.

2. Tillsätt resten av ingredienserna, koka allt i 5 minuter till, dela allt mellan tallrikar och servera.

<u>Näringsinformation:</u>Kalorier: 267, fett: 11,2 g, kolhydrater: 1,5 g, protein: 23 g, sockerarter: 0,78 g, natrium: 321,2 mg

Kokosräkorportioner: 4

Tillagningstid: 6 minuter

Ingredienser:

2 ägg

1 kopp osötad torkad kokos

¼ kopp kokosmjöl

¼ tesked paprika

Stryk cayennepeppar

½ tsk havssalt

Stryk nymalen svartpeppar

¼ kopp kokosolja

1 pund (454 g) råa räkor, skalade, avvinkade och torrkladdade<u>Vägbeskrivning:</u>

1. Vispa äggen i en liten grund skål tills det skummar. Avsätta.

2. I en separat skål, blanda ihop kokosnöt, kokosmjöl, paprika, cayennepeppar, havssalt och svartpeppar och rör om tills det är väl inkorporerat.

3. Muddra räkorna i de vispade äggen, täck sedan räkorna i kokosblandningen. Skaka av eventuellt överskott.

4. Hetta upp kokosoljan i en stor stekpanna på medelhög värme.

5. Tillsätt räkorna och koka i 3 till 6 minuter, rör om då och då, eller tills köttet är helt rosa och ogenomskinligt.

6. Överför de kokta räkorna till en tallrik klädd med hushållspapper för att rinna av. Servera varm.

<u>Näringsinformation:</u>kalorier: 278 ; fett: 1,9 g; protein: 19,2 g; kolhydrater: 5,8 g; fiber: 3,1 g; socker: 2,3 g; natrium: 556mg

Fläsk med muskotsquash Portioner: 4

Tillagningstid: 35 minuter

Ingredienser:

1-pund fläskgryta kött, i tärningar

1 butternut squash, skalad och tärnad

1 gul lök, hackad

2 matskedar olivolja

2 vitlöksklyftor, hackade

½ tsk garam masala

½ tsk muskot, mald

1 tsk chiliflakes, krossade

1 msk balsamvinäger

En nypa havssalt och svartpeppar

Vägbeskrivning:

1. Hetta upp en panna med oljan på medelhög värme, tillsätt löken och vitlöken och fräs i 5 minuter.

2. Lägg i köttet och bryn i ytterligare 5 minuter.

3. Tillsätt resten av ingredienserna, rör om, koka på medelvärme i 25 minuter, dela mellan tallrikar och servera.

<u>Näringsinformation:</u>kalorier 348, fett 18,2, fiber 2,1, kolhydrater 11,4, protein 34,3

Citronsmöriga räkor risportioner: 3

Tillagningstid: 10 minuter

Ingredienser:

¼ kopp kokt vildris

½ tsk. Smör uppdelat

¼ tsk. olivolja

1 kopp råa räkor, skalade, urvattnade, avrunna ¼ kopp frysta ärtor, tinade, sköljda, avrunna

1 msk. citronsaft, färskpressad

1 msk. gräslök, hackad

Nypa havssalt, efter smak

Vägbeskrivning:

1. Häll ¼ tsk. Smör och olja i woken på medelvärme. Lägg i räkor och ärter. Stek tills räkorna är korallrosa, cirka 5 till 7

minuter.

2. Lägg i vildris och låt koka tills det är väl uppvärmt – smaka av med salt och smör.

3. Lägg över till en tallrik. Strö gräslök och citronsaft ovanpå.

Tjäna.

<u>Näringsinformation:</u>Kalorier 510 Kolhydrater: 0g Fett: 0g Protein: 0g

Räk-limebakning med zucchini och

majsportioner: 4

Tillagningstid: 20 minuter

Ingredienser:

1 msk extra virgin olivolja

2 små zucchinis, skurna i ¼-tums tärningar

1 kopp frysta majskärnor

2 salladslökar, tunt skivade

1 tsk salt

½ tsk malen spiskummin

½ tsk chipotle chilipulver

1-kilos skalade räkor, tinade vid behov

1 msk finhackad färsk koriander

Skal och saft av 1 lime

Vägbeskrivning:

1. Värm ugnen till 400°F. Smörj bakplåten med oljan.

2. Kombinera zucchini, majs, salladslök, salt, spiskummin och chili på bakplåten och blanda väl. Ordna i ett enda lager.

3. Lägg räkorna ovanpå. Rosta inom 15 till 20 minuter.

4. Tillsätt koriander och limeskal och saft, rör om och servera.

Näringsinformation:Kalorier 184 Totalt fett: 5g Totalt kolhydrater: 11g Socker: 3g Fiber: 2g Protein: 26g Natrium: 846mg

Blomkålssoppa portioner: 10

Tillagningstid: 10 minuter

Ingredienser:

¾ kopp vatten

2 teskedar olivolja

1 lök, tärnad

1 blomkålshuvud, bara buketter

1 burk helfet kokosmjölk

1 tesked gurkmeja

1 tsk ingefära

1 tsk rå honung

Vägbeskrivning:

1. Lägg alla fästen i en stor kastrull och koka i cirka 10

minuter.

2. Använd en stavmixer för att mixa och göra soppan slät.

Tjäna.

<u>Näringsinformation:</u>Totalt kolhydrater 7g Kostfiber: 2g Netto kolhydrater:

Protein: 2g Totalt fett: 11g Kalorier: 129

Sötpotatis Black Bean Burger Portioner: 6

Tillagningstid: 10 minuter

Ingredienser:

1/2 jalapeno, kärnad och tärnad

1/2 kopp quinoa

6 fullkorns hamburgerbullar

1 burk svarta bönor, sköljda och avrunna

Olivolja/kokosolja, för matlagning

1 sötpotatis

1/2 kopp rödlök, tärnad

4 msk glutenfritt havremjöl

2 vitlöksklyftor, hackade

2 tsk kryddig cajunkrydda

1/2 kopp koriander, hackad

1 tsk spiskummin

Groddar

Salt att smaka

Peppar, efter smak

För Crema:

2 msk koriander, hackad

1/2 mogen avokado, tärnad

4 msk lågfett gräddfil/vanlig grekisk yoghurt 1 tsk limejuice

Vägbeskrivning:

1. Skölj quinoan under rinnande kallt vatten. Häll en kopp vatten i en kastrull och värm upp den. Tillsätt quinoa och låt koka upp.

2. Täck över och låt sjuda på låg värme tills allt vatten har absorberats, i cirka 15 minuter.

3. Stäng av värmen och fluffa quinoan med en gaffel. Överför sedan quinoan till en skål och låt den svalna i 5-10 minuter.

4. Peta potatis med en gaffel och låt sedan mikrovågsugn i några minuter, tills den är genomkokt och mjuk. När den är kokt, skala potatisen och låt den svalna.

5. Tillsätt kokt potatis i en matberedare tillsammans med 1 burk svarta bönor, ½ kopp hackad koriander, 2 tsk Cajun-krydda, ½ dl.

kopp tärnad lök, 1 tsk spiskummin och 2 hackade vitlöksklyftor.

Pulsera tills du får en slät blandning. Lägg över den i en skål och tillsätt kokt quinoa.

6. Tillsätt havremjöl/havrekli. Blanda väl och forma till 6 biffar. Lägg biffarna på en plåt och ställ i kylen i cirka en halvtimme.

7. Tillsätt alla Crema-ingredienserna i en matberedare. Pulsera tills den är slät. Justera salt efter smak och kyl.

8. Smörj en stekpanna med olja och värm den på medelvärme.

Stek varje sida av biffarna tills de är ljust gyllene, bara i 3-4 minuter.

Servera med crema, groddar, bullar och tillsammans med någon av dina favoritpålägg.

<u>Näringsinformation:</u>206 kalorier 6 g fett 33,9 g totalt kolhydrater 7,9 g protein

Kokossvampsoppa Portioner: 3

Tillagningstid: 10 minuter

Ingredienser:

1 matsked kokosolja

1 matsked mald ingefära

1 kopp cremini svamp, hackad

½ tesked gurkmeja

2 och ½ koppar vatten

½ kopp konserverad kokosmjölk

Havssalt efter smak

Vägbeskrivning:

1. Hetta upp kokosoljan på medelvärme i en stor gryta och tillsätt svampen. Koka i 3-4 minuter.

2. Sätt på resterande fästen och koka upp. Låt det puttra i 5 minuter.

3. Dela mellan tre soppskålar, och njut!

Näringsinformation:Totalt kolhydrater 4g Kostfiber: 1g Protein: 2g Totalt
fett: 14g Kalorier: 143

Fruktsalladsportioner i vinterstil: 6

Tillagningstid: 0 minuter

Ingredienser:

4 kokta sötpotatisar, tärningar (1-tums kuber) 3 päron, tärningar (1-tums kuber)

1 kopp druvor, halverade

1 äpple, i tärningar

½ kopp pekannötshalvor

2 matskedar olivolja

1 matsked rödvinsvinäger

2 matskedar rå honung

Vägbeskrivning:

1. Blanda olivoljan, rödvinsvinägern och sedan den råa honungen för att göra dressingen och ställ åt sidan.

2. Kombinera den hackade frukten, sötpotatisen och pekannötshalvorna och dela detta mellan sex portionsskålar. Ringla över varje skål med dressingen.

<u>Näringsinformation:</u>Totalt kolhydrater 40g Kostfiber: 6g Protein: 3g Totalt
fett: 11g Kalorier: 251

Honungsstekt kycklinglår med morötter

Portioner: 4

Tillagningstid: 50 minuter

Ingredienser:

2 msk osaltat smör, i rumstemperatur 3 stora morötter, tunt skivade

2 vitlöksklyftor, hackade

4 ben med skinn på kycklinglår

1 tsk salt

½ tesked torkad rosmarin

¼ tesked nymalen svartpeppar

2 matskedar honung

1 dl kycklingbuljong eller grönsaksbuljong

Citronklyftor, till servering

Vägbeskrivning:

1. Värm ugnen till 400°F. Smörj bakplåten med smöret.

2. Ordna morötterna och vitlöken i ett enda lager på bakplåten.

3. Lägg kycklingen med skinnsidan uppåt ovanpå grönsakerna och smaka av med salt, rosmarin och peppar.

4. Lägg honungen ovanpå och tillsätt buljongen.

5. Rosta inom 40 till 45 minuter. Ta bort och låt den sedan vila i 5

minuter och servera med citronklyftor.

<u>Näringsinformation:</u>Kalorier 428 Totalt fett: 28g Totalt kolhydrater: 15g Socker: 11g Fiber: 2g Protein: 30g Natrium: 732mg

Turkiet Chili Portioner: 8

Tillagningstid: 4 timmar och 10 minuter

Ingredienser:

1-pund mald kalkon, helst 99% mager

2 burkar röda kidneybönor, sköljda och avrunna (15 oz vardera) 1 röd paprika, hackad

2 burkar tomatsås (15 oz vardera)

1 burk deli-skivad tämjad jalapenopeppar, avrunnen (16 oz) 2 burkar petite tomater, tärnade (15 oz vardera) 1 msk spiskummin

1 gul paprika, grovt hackad

2 burkar svarta bönor, helst sköljda och avrunna (15 oz vardera) 1 kopp majs, fryst

2 msk chilipulver

1 msk olivolja

Svartpeppar & salt efter smak

1 medelstor lök, tärnad

Salladslök, avokado, riven ost, grekisk yoghurt/gräddfil, till toppen, valfritt

Vägbeskrivning:

1. Värm oljan tills den är varm i en stor stekpanna. När den är klar, placera försiktigt kalkonen i den varma stekpannan och koka tills den blir brun. Häll kalkonen i botten av din slow cooker, helst 6 liter.

2. Tillsätt jalapeños, majs, paprika, lök, tärnade tomater, tomatsås, bönor, spiskummin och chilipulver. Blanda, tillsätt sedan peppar och salt efter smak.

3. Täck över och koka i 6 timmar på låg värme eller 4 timmar på hög värme.

Servera med valfria pålägg och njut.

Näringsinformation:kcal 455 Fett: 9 g Fiber: 19 g Protein: 38 g

Linssoppa med kryddor Portioner: 5

Tillagningstid: 25 minuter

Ingredienser:

1 kopp gul lök (skuren i tärningar)

1 kopp morot (skuren i tärningar)

1 kopp kålrot

2 msk extra virgin olivolja

2 msk balsamvinäger

4 koppar babyspenat

2 dl bruna linser

¼ kopp färsk persilja

Vägbeskrivning:

1. Värm tryckkokaren på medelhög låga och tillsätt olivolja och grönsaker i den.

2. Efter 5 minuter, tillsätt buljong, linser och salt i grytan och låt sjuda i 15 minuter.

3. Ta av locket och lägg i spenat och vinäger.

4. Rör om soppan i 5 minuter och stäng av lågan.

5. Garnera den med färsk persilja.

<u>Näringsinformation:</u>Kalorier 96 Kolhydrater: 16g Fett: 1g Protein: 4g

Portioner av vitlökskyckling och grönsaker: 4

Tillagningstid: 45 minuter

Ingredienser:

2 tsk extra virgin olivolja

1 purjolök, endast vit del, tunt skivad

2 stora zucchinis, skurna i ¼-tums skivor

4 urbenade kycklingbröst med skinn

3 vitlöksklyftor, hackade

1 tsk salt

1 tsk torkad oregano

¼ tesked nymalen svartpeppar

½ dl vitt vin

Saften av 1 citron

Vägbeskrivning:

1. Värm ugnen till 400°F. Smörj bakplåten med oljan.

2. Lägg purjolöken och zucchinin på plåten.

3. Lägg kycklingen med skinnsidan uppåt och strö över vitlök, salt, oregano och peppar. Tillsätt vinet.

4. Rosta inom 35 till 40 minuter. Ta bort och låt vila i 5 minuter.

5. Tillsätt citronsaften och servera.

<u>Näringsinformation:</u>Kalorier 315 Totalt fett: 8g Totalt kolhydrater: 12g Socker: 4g Fiber: 2g Protein: 44g Natrium: 685mg

Rökt laxsalladsportioner: 4

Tillagningstid: 20 minuter

Ingredienser:

2 baby fänkålslökar, tunt skivade, några blad reserverade 1 msk saltad baby kapris, sköljda, avrunna ½ kopp naturell yoghurt

2 msk persilja, hackad

1 msk citronsaft, färskpressad

2 msk färsk gräslök, hackad

1 msk hackad färsk dragon

180 g skivad rökt lax, lågsaltad

½ rödlök, tunt skivad

1 tsk citronskal, fint rivet

½ kopp franska gröna linser, sköljda

60g färsk babyspenat

½ avokado, skivad

En nypa strösocker

Vägbeskrivning:

1. Häll vatten i en stor kastrull med vatten och koka upp på medelvärme.
När det kokar; koka linserna tills de är mjuka, i 20 minuter; dränera väl.

2. Värm under tiden en chargrillpanna på hög värme i förväg.

Spraya fänkålsskivorna med lite olja och koka tills de är mjuka, i 2

minuter per sida.

3. Bearbeta gräslök, persilja, yoghurt, dragon, citronskal och kapris i en
matberedare tills den är helt slät och smaka av med peppar.

4. Lägg löken med socker, juice & en nypa salt i en stor mixerskål. Ställ åt
sidan i ett par minuter och låt rinna av.

5. Kombinera linserna med lök, fänkål, avokado och spenat i en stor
mixerskål. Fördela jämnt mellan tallrikarna och toppa sedan med fisken.
Strö över överblivna fänkålsblad & mer färsk persilja. Ringla över den gröna
gudinnadressingen. Njut av.

Näringsinformation:kcal 368 Fett: 14 g Fiber: 8 g Protein: 20 g

Bean Shawarma Sallad Portioner: 2

Tillagningstid: 20 minuter

Ingredienser:

För att förbereda sallad

20 Pita chips

5-ounce vårsallat

10 körsbärstomater

¾ kopp färsk persilja

¼ kopp rödlök (hacka)

För kikärter

1 msk olivolja

1 Rubrik-msk spiskummin och gurkmeja

½ Rubrik-msk paprika- och korianderpulver 1 Nypa svartpeppar

½ knappt Kosher salt

¼msk ingefära och kanelpulver

För att förbereda dressing

3 vitlöksklyftor

1 msk Torkad borr

1 msk limejuice

Vatten

½ kopp hummus

Vägbeskrivning:

1. Placera ett galler i den redan förvärmda ugnen (204C). Blanda kikärter med alla kryddor och örter.

2. Lägg ett tunt lager kikärter på plåten och grädda den nästan i 20 minuter. Grädda det tills bönorna är gyllenbruna.

3. För att förbereda dressingen, blanda alla ingredienser i en vispskål och blanda den. Tillsätt vatten gradvis för lämplig jämnhet.

4. Blanda alla örter och kryddor för att förbereda sallad.

5. Till servering, tillsätt pitabröd och bönor i salladen och ringla lite dressing över.

Näringsinformation:Kalorier 173 Kolhydrater: 8g Fett: 6g Protein: 19g

Portioner av stekt ris med ananas: 4

Tillagningstid: 20 minuter

Ingredienser:

2 morötter, skalade och rivna

2 salladslökar, skivade

3 msk sojasås

1/2 kopp skinka, tärnad

1 msk sesamolja

2 koppar konserverad/färsk ananas, tärnad

1/2 tsk ingefärapulver

3 koppar brunt ris, kokt

1/4 tsk vitpeppar

2 matskedar olivolja

1/2 kopp frysta ärtor

2 vitlöksklyftor, hackade

1/2 kopp fryst majs

1 lök, tärnad

Vägbeskrivning:

1. Lägg 1 msk sesamolja, 3 msk sojasås, 2 nypor vitpeppar och 1/2 tsk ingefärapulver i en skål. Blanda väl och håll åt sidan.

2. Värm olja i en stekpanna. Tillsätt vitlöken tillsammans med den hackade löken.

Koka i ca 3-4 minuter, rör om ofta.

3. Tillsätt 1/2 kopp frysta ärtor, rivna morötter och 1/2 kopp fryst majs.

Rör om tills grönsakerna är mjuka, bara i några minuter.

4. Rör ner sojasåsblandningen, 2 koppar hackad ananas, ½ kopp hackad skinka, 3 koppar kokt brunt ris och skivad salladslök.

Koka i ca 2-3 minuter, rör om ofta. Tjäna!

<u>Näringsinformation:</u>252 kalorier 12,8 g fett 33 g totalt kolhydrater 3 g protein

Linssoppa portioner: 2

Tillagningstid: 30 minuter

Ingredienser:

2 morötter, medelstora och tärnade

2 msk. Citronsaft, färsk

1 msk. Gurkmeja

1/3 kopp linser, kokta

1 msk. Mandel, hackad

1 stjälkselleri, tärnad

1 knippe persilja, hackad färsk

1 gul lök, stor & hackad

Svartpeppar, nymald

1 palsternacka, medium & hackad

½ tsk. Kumminpulver

3 ½ dl vatten

½ tsk. Rosa Himalayasalt

4 grönkålsblad, grovhackade

Vägbeskrivning:

1. Lägg till att börja med morötter, palsternacka, en matsked vatten och lök i en medelstor gryta på medelvärme.

2. Koka grönsaksblandningen i 5 minuter medan du rör om då och då.

3. Rör sedan ner linserna och kryddorna i det. Kombinera väl.

4. Efter det, häll vatten i grytan och låt blandningen koka upp.

5. Sänk nu värmen till låg och låt det sjuda i 20

minuter.

6. Stäng av värmen och ta bort den från spisen. Tillsätt grönkål, citronsaft, persilja och salt.

7. Rör sedan om ordentligt tills allt går ihop.

8. Toppa den med mandel och servera den varm.

Näringsinformation:Kalorier: 242KcalProteiner: 10gKolhydrater: 46gFett: 4g

Läcker tonfisksalladsportioner: 2

Tillagningstid: 15 minuter

Ingredienser:

2 burkar tonfisk packad i vatten (5 oz vardera), avrunnen ¼ kopp majonnäs

2 msk färsk basilika, hackad

1 msk citronsaft, färskpressad

2 msk eldstekt röd paprika, hackad ¼ kopp kalamata eller blandade oliver, hackade

2 stora vinmogna tomater

1 msk kapris

2 msk rödlök, hackad

Peppar & salt efter smak

Vägbeskrivning:

1. Tillsätt alla föremål (utom tomater) tillsammans i en stor blandningsskål; ge ingredienserna en ordentlig omrörning tills de blandas väl.

Skiva tomaterna i sjättedelar och bänd sedan försiktigt upp dem. Skopa den beredda tonfisksalladsblandningen i mitten; servera genast & njut.

<u>Näringsinformation:</u>kcal 405 Fett: 24 g Fiber: 3,2 g Protein: 37 g

Aioli med ägg Portioner: 12

Tillagningstid: 0 minuter

Ingredienser:

2 äggulor

1 vitlök, riven

2 msk. vatten

½ kopp extra virgin olivolja

¼ kopp citronsaft, färskpressad, kärnor borttagna ¼ tsk. havssalt

En skvätt cayennepepparpulver

Nypa vitpeppar, efter smak

Vägbeskrivning:

1. Häll vitlök, äggulor, salt och vatten i mixern; bearbeta tills den är slät. Häll i olivolja i en långsam stråle tills dressingen emulgerar.

2. Tillsätt resten av ingredienserna. Smak; justera krydda om det behövs.

Häll i en lufttät behållare; använd efter behov.

Näringsinformation:Kalorier 100 Kolhydrater: 1g Fett: 11g Protein: 0g

Spaghetti Pasta med örtsvampsås

Ingredienser:

200 gram/6,3 oz runt en stor del av ett paket vete slank spagetti *

140 gram rengjorda kluvna svampar 12-15 bitar*

¼ kopp grädde

3 dl mjölk

2 matskedar matlagning olivolja förutom 2 teskedar mer olja eller flytande margarin för att inkludera halvvägs 1,5 matsked mjöl

½ kopp klövad lök

¼ till ½ kopp knaprig mald parmesan cheddar

Ett par bitar av mörk peppar

Salt att smaka

2 tsk torkad eller ny timjan *

Gäng chiffonad nya basilikablad

Vägbeskrivning:

1. Koka pastan fortfarande något fast enligt paketet.

2. Medan pastan kokar bör vi börja göra såsen.

3. Värm de 3 kopparna mjölk i mikron i 3 minuter eller på spishällen tills en gryta.

4. Värm samtidigt upp 2 msk olja i en non-stick-behållare på medelhög och koka den kluvna svampen. Koka i ca 2 minuter.

5. Från början kommer svampen att släppa ut lite vatten, sedan avdunstar den i längden och blir färsk var och en.

6. Minska för närvarande elden till medel, inkludera löken och koka i ett ögonblick.

7. Inkludera för närvarande 2 teskedar mjukt pålägg och strö över lite mjöl.

8. Blanda i 20 sekunder.

9. Blanda den varma mjölken hela tiden för att forma en slät sås.

10. När såsen tjocknar dvs går till en gryta, släck elden.

11. Inkludera för närvarande ¼ kopp mald parmesan cheddar. Blanda tills det är slätt. I 30 sekunder.

12. Inkludera nu salt, peppar och timjan.

13. Ge ett försök. Ändra smaksättning vid behov.

14. Under tiden bör pastan bubblas fortfarande något fast.

15. Sila av det varma vattnet i ett durkslag. Håll kranen igång och häll kallt vatten för att stoppa kokningen, kanalisera allt vatten och häll det med såsen.

16. Om du inte äter snabbt, blanda inte pastan i såsen. Håll pastan åtskild, täckt med olja och säkrad.

17. Servera varm med mer stänk av parmesan cheddar.

Uppskatta!

Brunt Ris Och Shitake Misosoppa Med Salladslök

Portioner: 4

Tillagningstid: 45 minuter

Ingredienser:

2 msk sesamolja

1 kopp tunt skivade shiitakesvamplock

1 vitlöksklyfta, finhackad

1 (1½ tum) bit färsk ingefära, skalad och skivad 1 kopp mellankornigt brunt ris

½ tsk salt

1 msk vit miso

2 salladslökar, tunt skivade

2 msk finhackad färsk koriander<u>Vägbeskrivning:</u>

1. Hetta upp oljan på medelhög värme i en stor gryta.

2. Tillsätt svamp, vitlök och ingefära och fräs tills svampen börjar mjukna i cirka 5 minuter.

3. Lägg riset och rör om så att det täcks med oljan jämnt. Tillsätt 2 dl vatten och salt och koka upp.

4. Sjud inom 30 till 40 minuter. Använd lite av soppbuljongen för att mjuka upp mison och rör sedan ner den i grytan tills den är väl blandad.

5. Blanda ner salladslöken plus koriander och servera sedan.

Näringsinformation:Kalorier 265 Totalt fett: 8g Totalt kolhydrater: 43g Socker: 2g Fiber: 3g Protein: 5g Natrium: 456mg

Grillad Havsöring Med Vitlök Och Persiljadressing

Portioner: 8

Tillagningstid: 25 minuter

Ingredienser:

3 ½ pund bit öringfilé, gärna havsöring, urbenad, skinn på

4 vitlöksklyftor, tunt skivade

2 msk kapris, grovt hackad

½ kopp platta bladpersilja, färska

1 röd chili, gärna lång; tunt skivad 2 msk citronsaft, färskpressad ½ dl olivolja

Citronklyftor, att servera

Vägbeskrivning:

1. Pensla öringen med cirka 2 matskedar olja; se till att alla sidor är snyggt belagda. Förvärm din grill på hög värme, gärna med stängd huva. Sänk värmen till medium; lägg den belagda öringen på grillplattan, gärna på skinnsidan. Koka tills de är delvis kokta och blir gyllene, i ett par minuter.

Vänd försiktigt på öringen; koka tills den är genomstekt, i 12 till 15 minuter, med huven stängd. Överför filén till ett stort serveringsfat.

2. Värm under tiden den överblivna oljan; vitlök på låg värme i en liten kastrull tills den precis är genomvärmd; vitlök börjar ändra färg. Ta bort och rör sedan ner kapris, citronsaft, chili.

Ringla över öringen med den förberedda dressingen och strö sedan över de färska bladpersiljebladen. Servera genast med färska citronklyftor, njut.

<u>Näringsinformation:</u>kcal 170 Fett: 30 g Fiber: 2 g Protein: 37 g

Ingredienser för curryblomkål och kikärtswraps:

1 ingefära färsk

2 vitlöksklyftor

1 burk Kikärter

1 Rödlök

8 uns blomkålsbuketter

1 tsk Garam Masala

2 matskedar Arrowroot Starch

1 citron

1 förpackning Cilantro Fresh

1/4 kopp vegansk yoghurt

4 Wraps

3 msk riven kokos

4 uns babyspenat

1 matsked vegetabilisk olja

1 tsk salt och peppar efter smak

Vägbeskrivning:

1. Förvärm spisen till 400 °F (205 °C). Strimla och finhacka 1 tsk av ingefäran. Finhacka vitlöken. Kanalisera och tvätta kikärtorna. Strimla och skär magert rödlöken. Dela citronen.

2. Belägg ett värmeark med 1 msk vegetabilisk olja. I en enorm skål, konsolidera den hackade ingefäran, vitlöken, saften från en stor del av citronen, kikärter, skuren rödlök, blomkålsbuketter, garam masala, pilrotsstärkelse och 1/2 tsk salt. Flytta till förberedelsearket och måltid i broilern tills blomkålen är delikat och sauterad på sina ställen, cirka 20 till 25 minuter.

3. Hacka korianderbladen och de fina stjälkarna. I en liten skål, vispa ihop koriander, yoghurt, 1 msk citronsaft och en fläck salt och peppar.

4. Placera höljena med folie och lägg in dem i spisen för att värmas upp i cirka 3 till 4 minuter.

5. Placera en liten nonstick-panna över medelvärme och inkludera den förstörda kokosnöten. Rosta, skaka skålen vanligt tills den är vällagad, cirka 2 till 3 minuter.

6. Glid spädbarnsspenaten och de kokta grönsakerna mellan de varma inpackningarna. Lägg blomkålskikärtswraperna på enorma tallrikar och strö över koriandersåsen. Strö över rostad kokos

Portioner av bovete nudelsoppa: 4

Tillagningstid: 25 minuter

Ingredienser:

2 koppar Bok Choy, hackad

3 msk. Tamari

3 buntar Bovetenudlar

2 koppar Edamamebönor

7 oz. Shiitakesvamp, hackad

4 koppar vatten

1 tsk. Ingefära, riven

En skvätt salt

1 vitlöksklyfta, riven

Vägbeskrivning:

1. Lägg först vatten, ingefära, sojasås och vitlök i en medelstor gryta på medelvärme.

2. Koka upp ingefära-sojasåsblandningen och rör sedan ner edamame och shiitake till det.

3. Fortsätt koka i ytterligare 7 minuter eller tills de är mjuka.

4. Koka sedan sobanudlarna genom att följa anvisningarna i paketet tills de är kokta. Tvätta och låt rinna av väl.

5. Tillsätt nu bok choy i shiitakeblandningen och koka i ytterligare en minut eller tills bok choy vissnat.

6. Dela slutligen sobanudlarna mellan serveringsskålarna och toppa med svampblandningen.

Näringsinformation:Kalorier: 234KcalProteiner: 14,2g Kolhydrater: 35,1gFett: 4g

Enkla portioner av laxsallad: 1

Tillagningstid: 0 minuter

Ingredienser:

1 kopp ekologisk ruccola

1 burk vildfångad lax

½ av en avokado, skivad

1 matsked olivolja

1 tsk dijonsenap

1 tsk havssalt

Vägbeskrivning:

1. Börja med att vispa ihop olivoljan, dijonsenap och havssalt i en bunke för att göra dressingen. Avsätta.

2. Sätt ihop salladen med ruccolan som bas, och toppa med laxen och skivad avokado.

3. Ringla över dressingen.

Näringsinformation:Totalt kolhydrater 7g Kostfiber: 5g Protein: 48g Totalt fett: 37g Kalorier: 553

Grönsakssoppa *portioner: 4*

Tillagningstid: 40 minuter

Ingredienser:

1 msk. Kokosolja

2 dl grönkål, hackad

2 selleristjälkar, tärnade

½ av 15 oz. burk vita bönor, avrunna & sköljda 1 lök, stor & tärnad

¼ tsk. Svartpeppar

1 morot, medium & tärnad

2 dl blomkål, skuren i buketter

1 tsk. Gurkmeja, jordad

1 tsk. Havssalt

3 vitlöksklyftor, hackade

6 dl grönsaksbuljong

Vägbeskrivning:

1. Till att börja med, värm olja i en stor gryta på medel-låg värme.

2. Rör ner löken i grytan och fräs den i 5 minuter eller tills den mjuknat.

3. Lägg morot plus selleri i grytan och fortsätt koka i ytterligare 4 minuter eller tills grönsakerna mjuknat.

4. Häll nu i gurkmeja, vitlök och ingefära till blandningen. Blanda väl.

5. Koka grönsaksblandningen i 1 minut eller tills den doftar.

6. Häll sedan grönsaksbuljongen tillsammans med salt och peppar och låt blandningen koka upp.

7. När det börjar koka, tillsätt blomkålen. Sänk värmen och sjud grönsaksblandningen i 13 till 15 minuter eller tills blomkålen är mjuk.

8. Tillsätt slutligen bönorna och grönkålen—Koka inom 2 minuter.

9. Servera den varm.

<u>Näringsinformation:</u>Kalorier 192 kcal Proteiner: 12,6 g Kolhydrater: 24,6 g Fett: 6,4 g

Citronig vitlök Räkportioner: 4

Tillagningstid: 15 minuter

Ingredienser:

1 och ¼ pund räkor, kokta eller ångade

3 msk vitlök, hackad

¼ kopp citronsaft

2 matskedar olivolja

¼ kopp persilja

Vägbeskrivning:

1. Ta en liten stekpanna och ställ den på medelhög värme, tillsätt vitlök och olja och koka under omrörning i 1 minut.

2. Tillsätt persilja, citronsaft och smaka av med salt och peppar därefter.

3. Tillsätt räkor i en stor skål och överför blandningen från stekpannan över räkorna.

4. Kyla och servera.

Näringsinformation:Kalorier: 130Fett: 3gKolhydrater: 2gProtein: 22g

Blt Vårrullar Ingredienser:

ny sallad, rivna bitar eller skuren

avokadosnitt, diskretionär

SESAM-SOJA DIPPSÅS

1/4 kopp sojasås

1/4 kopp kallt vatten

1 matsked majonnäs (godkänd, detta gör steget sammetslent)

1 tsk ny limejuice

1 tsk sesamolja

1 tsk srirachasås eller någon varm sås (godkänd)<u>Vägbeskrivning:</u>

1. medelstor tomat (kärnade och skär 1/4" tjocka) 2. bitar bacon, kokt

3. ny basilika, mynta eller olika örter

4. rispapper

Bröst med blåmögelost Portioner: 6

Tillagningstid: 8 timmar. 10 minuter

Ingredienser:

1 kopp vatten

1/2 msk vitlökspasta

1/4 kopp sojasås

1 ½ lb. corned beef brisket

1/3 tsk mald koriander

1/4 tesked kryddnejlika, mald

1 msk olivolja

1 schalottenlök, hackad

2 oz. ädelost, smulad

Matlagningsspray

Vägbeskrivning:

1. Sätt en kastrull på måttlig värme och tillsätt olja för att värma upp.

2. Släng i schalottenlök och rör om och koka i 5 minuter.

3. Rör ner vitlökspasta och koka i 1 minut.

4. Överför den till långsamkokaren, smord med matlagningsspray.

5. Lägg bringan i samma panna och stek tills den är gyllene från båda sidor.

6. Överför nötköttet till långsamkokaren tillsammans med övriga ingredienser förutom ost.

7. Sätt på locket och koka i 8 timmar. på låg värme.

8. Garnera med ost och servera.

<u>Näringsinformation:</u>Kalorier 397, Protein 23,5 g, Fett 31,4 g, Kolhydrater 3,9 g, Fiber 0 g

Ingredienser för kall soba med misodressing:

6 oz bovete Soba nudlar

1/2 dl förstörda morötter

1 kopp stelnat skalad edamame, upptinad 2 persiska gurkor, skurna

1 kopp hackad koriander

1/4 kopp sesamfrön

2 msk mörka sesamfrön

Vit Misodressing (gör 2 koppar)

2/3 kopp vitt miso lim

Saft av 2 medelstora citroner

4 msk risvinäger

4 msk ytterligare jungfruolja

4 msk pressad apelsin

2 msk nymalen ingefära

2 msk lönnsirap

Vägbeskrivning:

1. Koka sobanudlar enligt riktlinjerna i bunten (tänk på att inte koka dem för mycket, annars blir de klibbiga och förblir ihop). Kanalisera väl och flytta till en enorm skål 2. Inkludera förstörda morötter, edamame, gurka, koriander och sesamfrön

3. För att sätta upp förbandet, konsolidera vart och ett av fästena i en mixer. Blanda tills det är slätt

4. Häll önskat mått av dressing över nudlarna (vi använde ungefär en och en halv kopp)

Bakade buffelblomkålsbitar Portioner: 2

Tillagningstid: 35 minuter

Ingredienser:

¼ kopp vatten

¼ kopp bananmjöl

En nypa salt och peppar

1-st medelstor blomkål, skuren i lagom stora bitar ½ kopp varm sås

2 msk smör, smält

Blåmögelost eller ranchdressing (valfritt)

Vägbeskrivning:

1. Värm ugnen till 425°F. Klä under tiden en bakform med folie.

2. Kombinera vattnet, mjölet och en nypa salt och peppar i en stor mixerskål.

3. Blanda väl tills det är ordentligt blandat.

4. Tillsätt blomkålen; kasta för att belägga ordentligt.

5. Överför blandningen till bakformen. Grädda i 15 minuter, vänd en gång.

6. Kombinera den varma såsen och smöret i en liten skål medan du bakar.

7. Häll såsen över den bakade blomkålen.

8. Sätt tillbaka den bakade blomkålen i ugnen och grädda ytterligare i 20

minuter.

9. Servera omedelbart med en ranchdressing vid sidan om, om så önskas.

Näringsinformation:Kalorier: 168Cal Fett: 5,6gProtein: 8,4gKolhydrater:

23,8gFiber: 2,8g

Vitlökskycklingbaka med basilika och tomater

Portioner: 4

Tillagningstid: 30 minuter

Ingredienser:

½ medelgul lök

2 msk olivolja

3 hackade vitlöksklyftor

1 kopp basilika (löst skuren)

1.lb benfritt kycklingbröst

14,5 uns italienska hackade tomater

Salt peppar

4 medelstora zucchinis (spiraliserade till nudlar) 1 msk krossad röd paprika

2 msk olivolja

Vägbeskrivning:

1. Slå kycklingbitarna med en panna för snabb tillagning. Strö salt, peppar och olja på kycklingbitarna och marinera båda sidorna av kycklingen lika mycket.

2. Stek kycklingbitar på en stor het stekpanna 2-3 minuter på varje sida.

3. Fräs löken i samma stekpanna tills den är brun. Lägg i tomater, basilikablad och vitlök.

4. Sjud det i 3 minuter och tillsätt alla kryddor och kyckling i stekpannan.

5. Servera den på tallriken tillsammans med saucy zoodles.

<u>Näringsinformation:</u>Kalorier 44 Kolhydrater: 7g Fett: 0g Protein: 2g

Krämig gurkmeja blomkålssoppa Portioner: 4

Tillagningstid: 15 minuter

Ingredienser:

2 matskedar extra virgin olivolja

1 purjolök, endast vit del, tunt skivad

3 dl blomkålsbuketter

1 vitlöksklyfta, skalad

1 (1¼-tums) bit färsk ingefära, skalad och skivad 1½ tsk gurkmeja

½ tsk salt

¼ tesked nymalen svartpeppar

¼ tesked mald spiskummin

3 dl grönsaksbuljong

1 kopp full-Fat: kokosmjölk

¼ kopp finhackad färsk koriander

Vägbeskrivning:

1. Hetta upp oljan på hög värme i en stor gryta.

2. Fräs purjolöken inom 3 till 4 minuter.

3. Lägg blomkål, vitlök, ingefära, gurkmeja, salt, peppar och spiskummin och fräs i 1 till 2 minuter.

4. Lägg i buljongen och koka upp.

5. Sjud inom 5 minuter.

6. Mosa soppan med en stavmixer tills den är slät.

7. Rör ner kokosmjölken och koriandern, värm igenom och servera.

Näringsinformation:Kalorier 264 Totalt fett: 23g Totalt kolhydrater: 12g
Socker: 5g Fiber: 4g Protein: 7g Natrium: 900mg

Svamp, Grönkål Och Sötpotatis Brunris

Portioner: 4

Tillagningstid: 50 minuter

Ingredienser:

¼ kopp extra virgin olivolja

4 dl grovt hackade grönkålsblad

2 purjolök, endast vita delar, tunt skivad

1 kopp skivad svamp

2 vitlöksklyftor, hackade

2 koppar skalad sötpotatis skuren i ½-tums tärningar 1 kopp brunt ris

2 dl grönsaksbuljong

1 tsk salt

¼ tesked nymalen svartpeppar

¼ kopp färskpressad citronsaft

2 msk finhackad färsk plattbladig persilja<u>Vägbeskrivning:</u>

1. Värm oljan på hög värme.

2. Tillsätt grönkål, purjolök, champinjoner och vitlök och fräs tills de är mjuka, cirka 5 minuter.

3. Tillsätt sötpotatisen och riset och fräs i ca 3 minuter.

4. Tillsätt buljongen, salt och peppar och koka upp. Sjud inom 30 till 40 minuter.

5. Blanda i citronsaft och persilja och servera sedan.

Näringsinformation:Kalorier 425 Fett: 15g Totalt kolhydrater: 65g Socker: 6g Fiber: 6g Protein: 11g Natrium: 1045mg

Bakad Tilapia recept med Pecan Rosemary Topping

Portioner: 4

Tillagningstid: 20 minuter

Ingredienser:

4 tilapiafiléer (4 uns vardera)

½ tsk farinsocker eller kokospalmsocker 2 tsk färsk rosmarin, hackad

1/3 kopp råa pekannötter, hackade

En nypa cayennepeppar

1 ½ tsk olivolja

1 stor äggvita

1/8 tsk salt

1/3 kopp panko ströbröd, gärna fullkornsveteVägbeskrivning:

1. Värm upp ugnen till 350 F.

2. Rör pekannötterna med ströbröd, kokospalmsocker, rosmarin, cayennepeppar och salt i en liten ugnsform. Tillsätt olivoljan; kasta.

3. Grädda inom 7 till 8 minuter, tills blandningen blir ljust gyllenbrun.

4. Justera värmen till 400 F och bestryk en stor glasugnsform med lite matlagningsspray.

5. Vispa äggvitan i den grunda skålen. Arbeta i omgångar; doppa fisken (en tilapia i taget) i äggvitan och täck sedan lätt i pekannötsblandningen. Lägg de belagda filéerna i ugnsformen.

6. Tryck ut den överblivna pekannötsblandningen över tilapiafiléerna.

7. Grädda inom 8 till 10 minuter. Servera genast & njut.

<u>Näringsinformation:</u>kcal 222 Fett: 10 g Fiber: 2 g Protein: 27 g

Portioner av svart bönor tortilla wrap: 2

Tillagningstid: 0 minuter

Ingredienser:

¼ kopp majs

1 näve färsk basilika

½ kopp ruccola

1 matsked näringsjäst

¼ kopp konserverade svarta bönor

1 persika, skivad

1 tsk limejuice

2 glutenfria tortillas

Vägbeskrivning:

1. Dela bönorna, majsen, ruccolan och persikorna mellan de två tortillorna.

2. Toppa varje tortilla med hälften av färsk basilika och limejuiceNäringsinformation:Totalt kolhydrater 44g Kostfiber: 7g Protein: 8g Totalt fett: 1g Kalorier: 203

Vit bönkyckling med vintergröna grönsaker

Portioner: 8

Tillagningstid: 45 minuter

Ingredienser:

4 vitlöksklyftor

1 msk olivolja

3 medelstora palsternacka

1 kg Små tärningar kyckling

1 tsk spiskumminpulver

2 Läckor & 1 Grön del

2 morötter (skurna i tärningar)

1 ¼ vita kidneybönor (blötlagda över natten)

½ tesked torkad oregano

2 tsk Kosher salt

Korianderblad

1 1/2 msk Mald ancho chili

Vägbeskrivning:

1. Koka vitlök, purjolök, kyckling och olivolja i en stor gryta på medelhög värme i 5 minuter.

2. Tillsätt nu morötter och palsternacka, och efter omrörning i 2 minuter, tillsätt alla kryddningsingredienser.

3. Rör om tills doften börjar komma från den.

4. Tillsätt nu bönor och 5 dl vatten i grytan.

5. Koka upp och minska lågan.

6. Låt det puttra nästan i 30 minuter och garnera med persilja och korianderblad.

<u>Näringsinformation:</u>Kalorier 263 Kolhydrater: 24g Fett: 7g Protein: 26g

Örtbakad laxportioner: 2

Tillagningstid: 15 minuter

Ingredienser:

10 oz. Laxfilé

1 tsk. Olivolja

1 tsk. Honung

1 tsk. Dragon, färsk

1/8 tsk. Salt

2 tsk. Dijon senap

¼ tsk. Timjan, torkad

¼ tsk. Oregano, torkad

Vägbeskrivning:

1. Värm ugnen till 425 ° F.

2. Efter det, kombinera alla ingredienser, utom laxen i en medelstor skål.

3. Skeda nu denna blandning jämnt över laxen.

4. Lägg sedan laxen med skinnsidan nedåt på den bakplåtspappersklädda plåten.

5. Grädda till sist i 8 minuter eller tills fisken flagnar.

<u>Näringsinformation:</u>Kalorier: 239KcalProteiner: 31g Kolhydrater: 3gFett: 11g

Grekisk yoghurt kycklingsallad

Ingredienser:

Hackad kyckling

Grönt äpple

Rödlök

Selleri

Torkade tranbär

Vägbeskrivning:

1. Grekisk yoghurt kyckling servering av blandade gröna är en sådan extraordinär kvällsmat prep lunch tanke. Du kan placera den i en hantverkare och bara äta det eller så kan du packa den i ett superförberedande fack med mer grönsaker, chips och så vidare. Här är några serveringsrekommendationer.

2. På lite rostat bröd

3. I en tortilla med sallad

4. Med chips eller salt

5. I lite isburgesallat (lågt kolhydratval!)

Pounded kikärtssallad

Ingredienser:

1 avokado

1/2 krispig citron

1 burk kikärter utarmade (19 oz)

1/4 kopp skär rödlök

2 dl skurna druvtomater

2 dl tärnad gurka

1/2 kopp krisp persilja

3/4 kopp tärnad grön chime peppar

Klä på sig

1/4 kopp olivolja

2 msk rödvinsvinäger

1/2 tsk spiskummin

salt och peppar

Vägbeskrivning:

1. Skär avokadon i 3D-rutor och lägg i skålen. Pressa saften från 1/2 citron över avokadon och blanda försiktigt för att konsolidera.

2. Inkludera resterande portion av blandade gröna ingredienser och kasta försiktigt för att gå med.

3. Kyl i alla fall en timme före servering.

Valencia Sallad Portioner: 10

Tillagningstid: 0 minuter

Ingredienser:

1 tsk. Kalamata-oliver i olja, urkärnade, avrunna lätt, halverade, julienerade

1 huvud, liten romersallat, sköljd, centrifugerad, skuren i lagom stora bitar

½ bit, liten schalottenlök, finhackad

1 tsk. Dijon senap

½ liten satsuma eller mandarin, endast fruktkött

1 tsk. vitvinsvinäger

1 tsk. extra virgin olivolja

1 nypa färsk timjan, finhackad

Nypa havssalt

Nypa svartpeppar, efter smak

Vägbeskrivning:

1. Kombinera vinäger, olja, färsk timjan, salt, senap, svartpeppar och honung, om du använder det. Vispa väl tills dressingen emulgerar lite.

2. Blanda ihop resterande salladsingredienser i en salladsskål.

3. Ringla dressing ovanpå när det ska serveras. Servera genast med 1 skiva om sockerfritt surdegsbröd eller salt.

<u>Näringsinformation:</u>Kalorier 238 Kolhydrater: 23g Fett: 15g Protein: 8g

"Ät dina gröna" soppportioner: 4

Tillagningstid: 20 minuter

Ingredienser:

¼ kopp extra virgin olivolja

2 purjolök, endast vita delar, tunt skivad

1 fänkålslök, putsad och tunt skivad

1 vitlöksklyfta, skalad

1 knippe mangold, grovt hackad

4 dl grovt hackad grönkål

4 koppar grovt hackad senapsgrönt

3 dl grönsaksbuljong

2 msk äppelcidervinäger

1 tsk salt

¼ tesked nymalen svartpeppar

¼ kopp hackade cashewnötter (valfritt)

Vägbeskrivning:

1. Hetta upp oljan på hög värme i en stor gryta.

2. Tillsätt purjolök, fänkål och vitlök och fräs tills de är mjuka, i cirka 5 minuter.

3. Tillsätt mangold, grönkål och senapsgrönsaker och fräs tills grönsakerna vissnar, 2 till 3 minuter.

4. Lägg buljongen och koka upp.

5. Sjud inom 5 minuter.

6. Rör ner vinäger, salt, peppar och cashewnötter (om du använder).

7. Mosa soppan med en stavmixer tills den är slät och servera.

<u>Näringsinformation:</u>Kalorier 238 Totalt fett: 14g Totalt kolhydrater: 22g Socker: 4g Fiber: 6g Protein: 9g Natrium: 1294mg

Miso lax och gröna bönor portioner: 4

Tillagningstid: 25 minuter

Ingredienser:

1 msk sesamolja

1-pund gröna bönor, putsade

1 pund laxfiléer med skinn, skurna i 4 biffar ¼ kopp vit miso

2 tsk glutenfri tamari eller sojasås 2 salladslökar, tunt skivade

Vägbeskrivning:

1. Värm ugnen till 400°F. Smörj bakplåten med oljan.

2. Lägg haricots verts, sedan laxen ovanpå haricots verts, och pensla varje bit med mison.

3. Rosta inom 20 till 25 minuter.

4. Ringla över tamari, strö över salladslöken och servera.

Näringsinformation:Kalorier 213 Totalt fett: 7g Totalt kolhydrater: 13g Socker: 3g Fiber: 5g Protein: 27g Natrium: 989mg

Portioner av purjolök, kyckling och spenatsoppa: 4

Tillagningstid: 15 minuter

Ingredienser:

3 matskedar osaltat smör

2 purjolök, endast vita delar, tunt skivad

4 dl babyspenat

4 dl kycklingbuljong

1 tsk salt

¼ tesked nymalen svartpeppar

2 koppar strimlad rotisserie kyckling

1 msk tunt skivad färsk gräslök

2 tsk rivet eller malet citronskal

Vägbeskrivning:

1. Lös upp smöret på hög värme i en stor gryta.

2. Tillsätt purjolöken och fräs tills den mjuknat och börjar få färg, 3

till 5 minuter.

3. Tillsätt spenat, buljong, salt och peppar och koka upp.

4. Sjud inom 1 till 2 minuter.

5. Lägg i kycklingen och tillaga inom 1 till 2 minuter.

6. Strö över gräslöken och citronskalet och servera.

<u>Näringsinformation:</u>Kalorier 256 Totalt fett: 12g Totalt kolhydrater: 9g
Socker: 3g Fiber: 2g Protein: 27g Natrium: 1483mg

Mörk Choco Bombs Portioner: 24

Tillagningstid: 5 minuter

Ingredienser:

1 kopp tung grädde

1 dl färskost mjukad

1 tsk vaniljessens

1/2 kopp mörk choklad

2 oz. Stevia

Vägbeskrivning:

1. Smält choklad i en skål genom att värma i mikrovågsugn.

2. Vispa resten av ingredienserna i en mixer tills det är fluffigt, rör sedan ner chokladsmältan.

3. Blanda väl och dela sedan upp blandningen i en muffinsplåt klädd med muffinsformar.

4. Kyl i 3 timmar.

5. Servera.

Italiensk fylld paprika Portioner: 6

Tillagningstid: 40 minuter

Ingredienser:

1 tsk vitlökspulver

1/2 kopp mozzarella, strimlad

1 lb. magert köttfärs

1/2 dl parmesanost

3 paprikor, halverade på längden, stjälkar, frön och revben borttagna

1 (10 oz.) paket fryst spenat

2 dl marinarasås

1/2 tsk salt

1 tsk italiensk krydda

Vägbeskrivning:

1. Klä en folieklädd bakplåt med non-stick spray. Lägg paprikorna på ugnsformen.

2. Lägg kalkon i en non-stick panna och koka på medelvärme tills den inte längre är rosa.

3. När den är nästan färdig, tillsätt 2 koppar marinarasås och kryddor—koka i cirka 8-10 minuter.

4. Tillsätt spenat tillsammans med 1/2 dl parmesanost. Rör om tills det är väl blandat.

5. Tillsätt en halv kopp av köttblandningen i varje paprika och dela osten mellan alla — Värm ugnen till 450 F.

6. Grädda paprika i ca 25-30 minuter. Kyl och servera.

Näringsinformation:150 kalorier 2 g fett 11 g totalt kolhydrater 20 g protein

Rökt öring insvept i salladsportioner: 4

Tillagningstid: 45 minuter

Ingredienser:

¼ kopp saltstekt potatis

1 kopp druvtomater

½ kopp basilikablad

16 små och medelstora salladsblad

1/3 kopp asiatisk sweet chili

2 morötter

1/3 kopp schalottenlök (tunt skivad)

¼ kopp tunn skiva Jalapenos

1 msk socker

2-4,5 uns skinnfri rökt öring

2 msk färsk limejuice

1 gurka

Vägbeskrivning:

1. Skär morötter och gurka i smala remsor.

2. Marinera dessa grönsaker i 20 minuter med socker, fisksås, limejuice, schalottenlök och jalapeno.

3. Tillsätt öringbitar och andra örter i denna grönsaksblandning och blanda.

4. Sila av vattnet från grönsaks- och öringblandningen och släng den igen för att blandas.

5. Lägg salladsblad på en tallrik och lägg över öringsallad på dem.

6. Garnera denna sallad med jordnötter och chilisås.

Näringsinformation:Kalorier 180 Kolhydrater: 0g Fett: 12g Protein: 18g

Devilled Egg Sallad Ingredienser:

12 enorma ägg

1/4 kopp riven salladslök

1/2 kopp skuren selleri

1/2 kopp riven röd chime peppar

2 msk dijonsenap

1/3 kopp majonnäs

1 msk juice, vitvin eller sherryvinäger 1/4 tsk Tabasco eller annan het sås (ganska mycket efter smak) 1/2 tsk paprika (ganska mycket efter smak) 1/2 tsk mörk peppar (ganska mycket efter smak) 1/4 tesked salt (mer efter smak)

Vägbeskrivning:

1. Hårdvärma upp äggen: Den enklaste metoden att göra hårt bubblade ägg som är allt annat än svåra att strippa är att ånga dem.

Fyll en kastrull med 1 tum vatten och lägg till en ångbåtsskäppa. (Om du inte har en ångkokare, det är okej.) 2. Värm vattnet tills det kokar, lägg försiktigt äggen i ångkokaren eller rakt på pannan. Bred ut grytan. Ställ klockan på 15 minuter. Evakuera äggen och ställ i kallt virusvatten för att svalna.

3. Förbered ägg och grönsaker: Hacka äggen grovt och lägg dem i en stor skål. Inkludera grön lök, selleri och röd chime peppar.

4. Gör tallriken med blandade grönsaker: Kombinera majonnäs, senap, vinäger och tabasco i en liten skål. Blanda ömt majodressingen i skålen med ägg och grönsaker. Inkludera paprikan och salt och mörkpeppar. Byt kryddor efter smak.

Sesam-tamari bakad kyckling med gröna bönor

Portioner: 4

Tillagningstid: 45 minuter

Ingredienser:

1-pund gröna bönor, putsade

4 urbenade kycklingbröst med skinn

2 matskedar honung

1 msk sesamolja

1 msk glutenfri tamari eller sojasås 1 dl kyckling- eller grönsaksbuljong

Vägbeskrivning:

1. Värm ugnen till 400°F.

2. Ordna haricots verts på en stor kantad bakplåt.

3. Lägg kycklingen med skinnsidan uppåt ovanpå bönorna.

4. Ringla över honung, olja och tamari. Tillsätt buljongen.

5. Rosta inom 35 till 40 minuter. Ta ut, låt vila i 5 minuter och servera.

<u>Näringsinformation:</u>Kalorier 378 Totalt fett: 10g Totalt kolhydrater: 19g

Socker: 10g Fiber: 4g Protein: 54g Natrium: 336mg

Portioner med ingefära kycklinggryta: 6

Tillagningstid: 20 minuter

Ingredienser:

¼ kopp kycklinglårfilé, tärnad

¼ kopp kokta äggnudlar

1 omogen papaya, skalad, tärnad

1 kopp kycklingbuljong, låg natriumhalt, låg fetthalt

1 medaljong ingefära, skalad, krossad

Streck lökpulver

skvätt vitlökspulver, tillsätt mer om så önskas

1 kopp vatten

1 tsk. fisksås

skvätt vitpeppar

1 st, liten fågelperspektiv chili, finhackad

Vägbeskrivning:

1. Sätt all fixering i en stor holländsk ugn inställd på hög värme. Koka upp.

Sänk värmen till lägsta inställningen. Sätt på locket.

2. Låt grytan koka i 20 minuter eller tills papaya är gaffelmör.

Stäng av värmen. Konsumera som den är, eller med ½ kopp kokt ris. Servera varm.

Näringsinformation:Kalorier 273 Kolhydrater: 15g Fett: 9g Protein: 33g

Krämig Garbanosallad Ingredienser:

Tallrik med blandade gröna

2 14 oz burkar Kikärter

3/4 kopp morot små shakers

3/4 kopp Selleri små shakers

3/4 kopp paprika Små shakers

1 salladslök hackad

1/4 kopp rödlök små shakers

1/2 stor avokado

6 oz slät tofu

1 msk äppelcidervinäger

1 msk citronsaft

1 msk dijonsenap

1 msk Sweet Relish

1/4 tsk rökt paprika

1/4 tsk sellerifrön

1/4 tsk svartpeppar

1/4 tsk senapspulver

Havssalt efter smak

Sandwich Fix'ns

Odlat fullkornsbröd

Skär romska tomater

Bred ut sallad

Vägbeskrivning:

1. Gör dig redo och skär dina morötter, selleri, chimepeppar, rödlök och salladslök och lägg i en liten blandningsskål. Sätt på en säker plats.

2. Använd en liten mixer eller näringprocessor och blanda avokadon, tofun, äppeljuicevinäger, citronsaft och senap tills det är slätt.

3. Sila och tvätta dina garbanzos och lägg dem i en medelstor blandningsskål. Med en potatisstöt eller en gaffel squash bönorna tills de flesta separeras och det börjar ta efter fiskplatta av blandat grönt. Du behöver inte vara slät men färdig och kraftig. Krydda bönorna med en klick salt och peppar.

4. Inkludera de kluvna grönsakerna, avokado-tofu-grädden och resten av smakerna och smaka på och blanda väl. Smaka och ändra enligt din böjelse.

Morotsnudlar Med Ingefära Lime Jordnötssås

Ingredienser:

Till morotspasta:

5 enorma morötter, skalade och skurna eller spiralformade till smala strimlor 1/3 kopp (50 g) kokta cashewnötter

2 msk ny koriander, fint hackad

Till ingefära-jordnötssåsen:

2 matskedar rikt nötpålägg

4 msk vanlig kokosmjölk

Pressa cayennepeppar

2 stora vitlöksklyftor, fint hackade

1 msk ny ingefära, skalad och malen 1 msk limejuice

Salt att smaka

Vägbeskrivning:

1. Konsolidera alla såsingredienser i en liten skål och blanda tills den är slät och fyllig och lägg på en säker plats medan du juliennar/spiraliserar morötterna.

2. I en stor serveringsskål, släng morötterna och såsen mjukt ihop tills de är lika täckta. Toppa med stekta cashewnötter (eller jordnötter) och nyhackad koriander.

Rostade Grönsaker Med Sötpotatis Och Vita Bönor

Portioner: 4

Tillagningstid: 25 minuter

Ingredienser:

2 små sötpotatisar, tärningar

½ rödlök, skär i ¼-tums tärningar

1 medelstor morot, skalad och tunt skivad

4 uns gröna bönor, putsade

¼ kopp extra virgin olivolja

1 tsk salt

¼ tesked nymalen svartpeppar

1 (15½ ounce) burk vita bönor, avrunna och sköljda 1 matsked hackat eller rivet citronskal

1 msk hackad färsk dill

Vägbeskrivning:

1. Värm ugnen till 400°F.

2. Kombinera sötpotatisen, löken, moroten, haricots verts, olja, salt och peppar på en stor kantad bakplåt och blanda ihop väl. Ordna i ett enda lager.

3. Rosta tills grönsakerna är mjuka, 20 till 25 minuter.

4. Tillsätt de vita bönorna, citronskalet och dillen, blanda väl och servera.

<u>Näringsinformation:</u>Kalorier 315 Totalt fett: 13g Totalt kolhydrater: 42g Socker: 5g Fiber: 13g Protein: 10g Natrium: 632mg

Grönkålssallad *portioner: 1*

Tillagningstid: 0 minuter

Ingredienser:

1 kopp färsk grönkål

½ kopp blåbär

½ kopp urkärnade körsbär halverade

¼ kopp torkade tranbär

1 matsked sesamfrön

2 matskedar olivolja

Saften av 1 citron

Vägbeskrivning:

1. Kombinera olivoljan och citronsaften och släng sedan grönkålen i dressingen.

2. Lägg grönkålsbladen i en salladsskål och toppa med färska blåbär, körsbär och tranbär.

3. Toppa med sesamfröna.

<u>Näringsinformation:</u>Totalt kolhydrater 48g Kostfiber: 7g Protein: 6g Totalt fett: 33g Kalorier: 477

Kokos- och hasselnötskylda glasportioner: 1

Tillagningstid: 0 minuter

Ingredienser:

½ dl kokosmandelmjölk

¼ kopp hasselnötter, hackade

1 och ½ dl vatten

1 pack stevia

Vägbeskrivning:

1. Lägg till de listade ingredienserna i mixern

2. Mixa tills du har en slät och krämig konsistens 3. Servera kyld och njut!

Näringsinformation:Kalorier: 457Fett: 46gKolhydrater: 12gProtein: 7g

Portioner av cool garbanzo och spenatbönor: 4

Tillagningstid: 0 minuter

Ingredienser:

1 msk olivolja

½ lök, tärnad

10 uns spenat, hackad

12 uns garbanzobönor

½ tesked spiskummin

Vägbeskrivning:

1. Ta en stekpanna och tillsätt olivolja, låt den bli varm på medel-låg värme

2. Tillsätt lök, garbanzo och koka i 5 minuter 3. Rör ner spenat, spiskummin, garbanzobönor och smaka av med salt 4. Använd en sked för att krossa försiktigt

5. Koka ordentligt tills de är uppvärmda, njut!

Näringsinformation:Kalorier: 90Fett: 4gKolhydrater: 11gProtein: 4g

Taroblad i kokossås Portioner: 5

Tillagningstid: 20 minuter

Ingredienser:

4 koppar torkade taroblad

2 burkar kokosgrädde, delad

¼ kopp malet fläsk, 90 % magert

1 tsk. räkpasta

1 fågelperspektiv chili, finhackad

Vägbeskrivning:

1. Förutom 1 burk kokosnötsgrädde, lägg alla ingredienser i en crockpot set på medelhög inställning. Säkra locket. Koka ostört i 3 till 3½ timmar.

2. Häll resterande burk kokosgrädde innan du stänger av värmen. Rör om och servera.

<u>Näringsinformation:</u>Kalorier 264 Kolhydrater: 8g Fett: 24g Protein: 4g

Rostad tofu och gröna portioner: 4

Tillagningstid: 20 minuter

Ingredienser:

3 dl babyspenat eller grönkål

1 msk sesamolja

1 msk ingefära, finhackad

1 vitlöksklyfta, finhackad

1-pund fast tofu, skuren i 1-tums tärningar

1 msk glutenfri tamari eller sojasås ¼ tsk röd paprikaflingor (valfritt)

1 tsk risvinäger

2 salladslökar, tunt skivade

Vägbeskrivning:

1. Värm ugnen till 400°F.

2. Kombinera spenat, olja, ingefära och vitlök på en stor kantad bakplåt.

3. Grädda tills spenaten har vissnat, 3 till 5 minuter.

4. Tillsätt tofun, tamari och röd paprikaflingor (om du använder dem) och blanda ihop väl.

5. Grädda tills tofun börjar få färg, 10 till 15 minuter.

6. Toppa med vinäger och salladslök och servera.

<u>Näringsinformation:</u>Kalorier 121 Totalt fett: 8g Totalt kolhydrater: 4g Socker: 1g Fiber: 2g Protein: 10g Natrium: 258mg